Nietos:
instrucciones de uso

Todo sobre **mi bebé**

Nietos:
instrucciones de uso

Maria Jesús Comellas

Que disfrutes mucho
de tu nieta.
Felicidades
Virginia

LAROUSSE

EDICIÓN

Dirección editorial
Jordi Induráin Pons

Edición
M. Àngels Casanovas Freixas

Redacción
M. Jesús Comellas

Edición gráfica
Eva Zamora Bernuz

Maquetación
tresmesú, s. l.

Cubierta
Mònica Campdepadrós

Fotografías
© Marta Bacardit
Excepto: ©Pepa Simón (pp. 71, 73), ©Jordi Induráin (pp. 76 abajo, 77),
©Txell Casanovas (p. 74), ©Àngels Casanovas (pp. 70, 72, 75, 76 arriba)

Fotografía de cubierta
© Marta Bacardit

Agradecimientos a Pan Con Chocolate (Haur Moda, S. A.), CEIP Joanot Alisanda, de Sabadell,
y a todos los padres de los niños y de las niñas que han prestado su imagen para esta publicación.

Mallorca 45, 3ª planta - 08029 Barcelona
Tel.: 93 241 35 05 – Fax: 93 241 35 07
larousse@larousse.es - www.larousse.es

ISBN: 978-84-8016-695-9
Depósito legal: NA-895-2010
Impresión: Gráficas Estella
Impreso en España – Printed in Spain

Prólogo

Uno de los retos de la sociedad actual, sujeto a diversas opiniones y a amplios debates, consiste en llegar a comprender que cada **colectivo humano** tiene un papel y un espacio social que le es propio, bien sea por edad, por profesión o por aquella función que la propia sociedad le asigna.

Este papel no va en perjuicio ni contradice las iniciativas o capacidades individuales; de alguna manera, favorece la comprensión social de lo que se espera como persona integrante de cada colectivo.

Así pues, consideramos que a los niños no se les deben otorgar unas responsabilidades que no les corresponden, ya que, a la larga, podrían generar perjuicios en su desarrollo. Tampoco debemos esperar que a partir de cierta edad, por ejemplo, entre los 6 y los 8 años, el niño actúe como un niño de 4 años, ya que ese comportamiento no corresponde al colectivo al que pertenece.

De la misma manera, los **adultos** esperamos recibir ayuda y orientación por parte de los **profesionales de la salud** y creemos que, como **familia**, debemos compartir el papel educativo con el profesorado para que en la infancia y en la adolescencia los niños continúen evolucionando en su camino hacia la madurez y la autonomía.

En el momento en que, por diferentes motivos, se producen desajustes en los logros o en los resultados, aparecen los interrogantes y el interés de encontrar las causas de los problemas y, por tanto, las responsabilidades.

De este modo, y especialmente en el campo educativo, la familia tiende a buscar explicaciones de su descontento en el **centro educativo** y en el **profesorado,** al mismo tiempo que la escuela también busca las causas y realiza peticiones a la familia. Este debate lleva abierto bastante tiempo sin que se hayan producido demasiados cambios. Por este motivo, aumenta la necesidad de continuar buscando respuestas y es precisamente en ese momento cuando aparece otro colectivo importante, el de los **abuelos**.

Una parte de la sociedad considera que muchas actitudes o problemas de los niños y, especialmente, de los adolescentes se deben a la **sobreprotección** y al exceso de mimos por parte de los abuelos y abuelas, que cuidan de sus nietos porque los padres y las madres trabajan.

No obstante, las **madres** hace muchos años que trabajan; los **padres** también pueden y deben ocuparse de la educación de sus hijos... Por múltiples razones, los **abuelos** han aparecido en escena con una amplitud horaria y unas exigencias educativas que tienen repercusión en ambos colectivos: en el de los niños y en el de los abuelos.

¿Cuál es, entonces, el papel de los **abuelos** actuales? La respuesta debería ser clara. El de siempre. ¿Por qué se atribuyen responsabilidades educativas a los abuelos más allá de lo que les corresponde? ¿Deben sustituir el papel educativo de los padres? ¿Los problemas o las dificultades de los niños se deben a la presencia y a la intervención de los abuelos?

Consideramos que debe establecerse un profundo análisis antes de responder a estas cuestiones, y, especialmente, debe contar con distintos puntos de vista y con las siguientes premisas:

- Primero: los **nietos** necesitan a sus abuelos, y en ningún caso sería lícito que perdieran los valores de una generación y de una mirada diferente a la de los padres, una mirada que, por actitud y experiencia, es más pausada y madura.
- Segundo: los **abuelos** deben tener el derecho de adoptar la forma que deseen de acompañar a sus nietos y de vivir esta etapa de su vida en compañía de sus nietos (su infancia, su adolescencia) sin las exigencias de actuar y de educar como padres.
- Y tercero: los **padres** deben asumir sus responsabilidades y, con máximo respeto, gozar de la compañía y ayuda que les brinden los abuelos.

El debate está servido, y el análisis, a punto de iniciarse.

Dra. Maria Jesús Comellas
Profesora de la Universitat Autònoma de Barcelona
Directora de GRODE (Grup de Recerca, Orientació i Desenvolupament Educatiu)
Coordinadora del Observatori de la Violència a les Escoles

Sumario

Abuelos y abuelas: un referente para la familia

Abuelos y abuelas: un referente para la familia

Antes de reflexionar sobre el papel que juegan los abuelos y las abuelas, es inevitable analizar cómo los grandes cambios del mundo moderno han ejercido cierta influencia a nivel social, no solo en los ámbitos económico y laboral, sino también, y de forma muy significativa, en la vida y en la imagen que tenemos acerca de las etapas de la vida y, lógicamente, en los abuelos y abuelas.

¿Cómo vemos la infancia? ¿Qué es para nosotros la familia? ¿Qué queda de las imágenes y valoraciones de los abuelos de hace cincuenta años? ¿Qué lugar ocupa hoy esta generación en el mundo familiar, social, cultural o económico? ¿Es un colectivo homogéneo? Muchos son los interrogantes que se deben responder de manera reflexiva para poder valorar las diferentes situaciones personales y familiares, ya que el colectivo de los abuelos y abuelas es, posiblemente, el que cuenta con más modelos y formas de vivir, al mismo tiempo que de él la sociedad sigue manteniendo una imagen rígida y anclada en el pasado, aunque las demandas y exigencias hacia ellos, en todos los sectores de la sociedad, se consideren las lógicas, homogéneas y permanentes.

A pesar de que el modelo de familia ha cambiado mucho en los últimos años, los abuelos deben seguir siendo un referente familiar.

Por este motivo es imprescindible observar a este colectivo de manera global, ya que los avances sociales también ofrecen mayores oportunidades y recursos, por lo que es preciso replantear su papel en esta etapa de la vida, antes denominada tercera edad, ya sea en su función como abuelos en el grupo familiar y en la sociedad en general, tanto desde el punto de vista personal, afectivo o profesional, como desde la vertiente como colectivo, a fin de poder transmitir a esta generación el reconocimiento y respeto que merecen por edad, por su trayectoria personal y familiar y también por su protagonismo generacional en los cambios y progresos que se han tenido lugar. De todas maneras, centraremos nuestro estudio en el pape específico que ejercen en el ámbito familiar, sin olvidar que, como generación, también se relacionan con otras personas y tienen otras oportunidades fuera del seno de la familia.

Los abuelos, etapa vital que debe reconsiderarse

La llegada de un bebé implica para todas las personas una nueva etapa en la vida. Los padres, además de ser hijos y pareja, deberán asumir el papel de educadores y de cuidado de sus hijos, propio de la paternidad. Los abuelos, sin dejar de ser padres, tendrán un papel que jugar con los nietos y, a su vez, de manera individual, cada persona asumirá este nuevo reto, que influirá en su relación con el entorno, y que conllevará nuevas experiencias, vivencias, deseos e incluso temores.

En este sentido, esta nueva etapa implica para los abuelos ciertos cambios que afectarán a cada uno de los ámbitos de su vida, a su actitud ante diferentes situaciones y dificultades y a nuevas formas de reaccionar. Aunque la persona continúa actuando globalmente, vamos a analizar qué tipos de cambios tienen lugar en diferentes aspectos y desde distintas perspectivas.

- Personal: cada persona, con la llegada de un bebé, experimentará un cambio y tendrá que reorganizar su vida. Además del nuevo papel que tenía ante sus hijos (padre/madre), se añade el de abuelo/abuela. Debido al simbolismo que socialmente se le otorga («ya serás...», «¿cómo te sientes ahora?»), cambia su propia visión de él/ella mismo y de lo que representa su edad. Las respuestas esperadas por la sociedad («ya eres abuela») pueden suponer una presión de «cómo se debe actuar», de lo que hay que sentir, de cómo hay que verse y de actuar según los modelos establecidos para no hacerlo mal o para no dejar de hacer aquello que todo el mundo espera.

- Afectivo: la fragilidad del recién nacido despierta lo mejor de cada persona. El hecho de ser capaces de comprender las necesidades del bebé para poder dar una respuesta adecuada a los cuidados más básicos genera cierta inquietud. El sentimiento y el deseo de mostrar ternura y afecto determinan, de manera muy destacada, las relaciones y las respuestas ante las demandas más o menos explícitas del bebé, a quien se intenta aislar de los propios problemas. Esta respuesta estará más presente durante los primeros años de vida, debido a las dificultades de comunicación del pequeño, y siempre será de carácter más protector y positivo que si se tratara de personas adultas en una situación de gran fragilidad.

- Educativo: la visión que tengan los abuelos acerca de las competencias paternas generará diversas respuestas ante las necesidades educativas que crean importantes. La experiencia les puede llevar a considerarse portadores de un conocimiento que puede interferir en las acciones de los padres, que quizás quieran aplicar modelos diferentes de los recibidos, como consecuencia de cambios sociales o por responder a experiencias individuales diferentes, dependiendo de su educación. Si, además, los padres deben escoger entre los consejos de los abuelos de las dos familias (la paterna y la materna), de personas de su misma generación, de profesionales y de todos los posibles canales de información, fácilmente se puede crear un conflicto de confianza y de relación.

- Relacional: los ámbitos de intervención y de responsabilidad, según el modo en que se planteen, pueden adquirir ciertos matices de competitividad que, en algunos momentos, pueden incluso provocar conflictos de autoridad entre los padres y los abuelos. La claridad con que se definan los papeles, debido a la carga afectiva que conllevan, será fundamental para evitar chantajes afectivos, desprestigio o desorientación. Los bebés necesitan ver cómo cada persona ejerce su papel y comprenden perfectamente los diferentes roles según el momento o las circunstancias.

Modelos idóneos en un mundo cambiante

Esta etapa de la vida se ha considerado de diferentes maneras a lo largo de la historia, dependiendo de las culturas, los modelos y las circunstancias, así como según las personas o las familias. De hecho, todas estas consideraciones han tenido lugar de forma simultánea, pero quizás hayan prevalecido unos rasgos de manera más evidente.

En algunos momentos, los abuelos han sido reconocidos y respectados por su sabiduría y experiencia, lo que ha permitido que ofrecieran su apoyo de manera puntual. En esos momentos, el mundo era muy estable, los cambios muy lentos, y la experiencia de las personas mayores garantizaba que no se perdiera el conocimiento, básico para las generaciones jóvenes.

En el momento en que los cambios sociales empiezan a influir en la vida familiar y laboral de las personas, el conocimiento que los abuelos pueden aportar tiene menos importancia para las generaciones jóvenes, hecho que implica que se reduzca la valoración con respecto a esta generación. La expresión «los tiempos han cambiado» nos permite hacernos una idea del menor valor que se otorga a esta generación, al mismo tiempo que la aleja emocionalmente, lo que reduce su influencia.

Con la jubilación, se daba a entender que ya no había mucho que esperar y el protagonismo de este colectivo en la sociedad se limitaba a finalizar sus días en el seno familiar; además, se consideraba que sus aportaciones, su experiencia y conocimientos habían quedado obsoletos, por lo que esta etapa de la vida llevaba implícita una progresiva decadencia. Las abuelas, más vinculadas al ámbito doméstico, ofrecían durante más tiempo su apoyo a la vida cotidiana familiar, que no se encontraba tan sujeta a las novedades.

Los rápidos cambios sociales y económicos, junto con los nuevos retos de la sociedad actual, el acceso a la cultura, la formación y el progreso han permitido que esta etapa de la vida tenga otra consideración, especialmente por la gran diversidad de personas que forman parte de este gran colectivo que son los abuelos.

De este modo, nos encontramos ante una generación de abuelos y abuelas que ha sido testigo de excepción de los cambios que han tenido lugar en los últimos cincuenta años. Han vivido momentos convulsos en los cambios sociales, políticos, económicos, algunos de ellos nacionales, y todos ellos con cierta influencia a nivel mundial.

Por este motivo tienen en común el hecho de haber vivido el progreso tecnológico y sus repercusiones, que han tenido como consecuencia la modificación de las dimensiones del mundo, la movilidad, la comunicación y los nuevos modos de vida, hecho que ha conllevado una esperanza y una calidad de vida mayores, especialmente en los países desarrollados. En este sentido, los abuelos se han liberado de las exigencias que implica la vida laboral, al mismo tiempo que se les ofrecen muchas posibilidades de cara al futuro, en el que los nietos y las nietas ocupan un lugar, del mismo modo que sus hijos e hijas. No

Los niños deben aprender a diferenciar entre los distintos papeles desempeñados por los padres y por los abuelos.

obstante, cabría destacar que este papel que ejercen en el seno familiar tendría que ser objeto de una revisión.

Las personas que representan el colectivo de los abuelos y abuelas tienen el privilegio de disponer de una serie de experiencias que difícilmente se podrán comparar con otras generaciones (por la magnitud de los cambios experimentados), hecho que entra, en cierta manera, en contradicción y conflicto con las generaciones más jóvenes, que tienen una mayor predisposición para aceptar los cambios, sin pensar en la caducidad de algunas ideas. De ahí la tan comentada crisis de valores y la idea de que «antes había más respeto».

UN PEQUEÑO CONSEJO

El reconocimiento de los abuelos es fundamental para su bienestar. Pensar que podían haber hecho las cosas de otra manera es un juicio de valor inútil, ya que los actos de cada persona deben valorarse a partir del conocimiento que se posee, de la propia experiencia y del momento histórico que se ha vivido.

Todas las personas sufren cierta desorientación ante la rapidez con que se suceden los cambios y las oportunidades, algo que afecta de forma muy especial a los abuelos. ¿Cómo ser abuelos y abuelas hoy en día? ¿Qué se espera y exige a esta generación? ¿Ya no sirve la imagen que se tenía de ellos a finales del siglo XX? ¿Qué se puede desear o exigir? ¿Cuál, pues, es el papel que desempeña esta generación con experiencia? ¿Cómo se podrán compaginar estas dos actitudes de progreso y de reflexión? ¿Qué valoración se tiene de su papel?

Indiscutiblemente, se debe revisar la visión que se tiene de la figura de los abuelos y abuelas para poder valorar su experiencia y madurez, sea cual sea su nivel de formación o profesional y, a la vez, considerar qué lugar ocupan en la sociedad y en la familia.

Una sociedad que se considere madura no puede ignorar o desprestigiar, bajo el argumento de ser «anticuadas», a las personas que han participado durante toda su vida en el ámbito social y que han educado a sus hijos para que pudieran llevar una vida mejor. Actualmente, la demanda de apoyo de las familias en el ámbito cotidiano constituye un punto central para poder encontrar un equilibrio en todo el grupo.

Se deben analizar las relaciones con los nietos. Compartir la tarea educativa exige un clima de diálogo en el que escuchar, conocer y comprender permita crear un ambiente de confianza antes que perdernos en valoraciones poco reflexivas o exigencias inadecuadas. La participación en este debate educativo puede enriquecer y favorecer la comprensión de los diferentes puntos de vista, al mismo tiempo que permite aclarar lo que esperamos unos de otros y lo que es más positivo para los nietos, siempre respetando los diferentes papeles que desempeña cada uno.

Conocer su punto de vista es imprescindible para comprender su proceso vital, así como para poder crear un marco de entendimiento y bienestar para toda la familia. Por el mismo respeto se deben considerar sus derechos, necesidades y deseos a fin de que en el grupo familiar tenga lugar un mayor equilibrio y bienestar personal.

Si escuchamos a las personas y a los colectivos cercanos a los abuelos, advertimos que cada uno propone y sugiere lo que se espera de ellos, especialmente con respecto a sus nietos. Algunos de los comentarios que se pueden destacar muestran puntos de vista en los que sobresale la valiosa ayuda que el colectivo de los abuelos puede ofrecer:

- Lógicamente, ofrecer su ayuda a los hijos, que tienen mucho trabajo, y ellos no tienen nada urgente que hacer y disponen de mucho tiempo.

- Participar en las obligaciones educativas con los nietos, para, de este modo, sentirse útiles.

- Ocupar su tiempo paseando a los nietos, yéndoles a buscar… para evitar el tedio, el aburrimiento y, además, realizar cierta actividad física.

- Disfrutar de los nietos, que es lo que les corresponde a los abuelos.

- Como ya han realizado lo más importante en su vida, ahora pueden ayudar a los hijos.

Asimismo, existen ciertos comentarios que, desde otro punto de vista, tienen más en cuenta los derechos de los abuelos:

- Si tienen buena salud, deben aprovechar las oportunidades que se les ofrecen.

- Pueden cuidarse para encontrarse mejor.

- Pueden acceder a muchas oportunidades culturales y de ocio inexistentes hace un tiempo.

- Actualmente, se puede disfrutar mucho en esta etapa de la vida.

Las abuelas y los abuelos pueden resultar de gran ayuda, aunque no debe recaer en ellos la responsabilidad de la educación de los nietos.

Por ultimo, es interesante destacar los temores relacionados con las prácticas educativas llevadas a cabo por los abuelos con sus nietos, ya que, de alguna manera, constituyen el eje de sus relaciones y el núcleo fundamental de su papel como abuelos:

- Tienden a la sobreprotección, motivo por el cual los pequeños son más caprichosos.
- A pesar de que en su papel como padres fueron muy exigentes, como abuelos dejan que los nietos hagan lo que quieran.
- No tienen autoridad con los nietos y por eso estos últimos no los respetan.
- Los abuelos no mantienen las normas que los padres utilizan con sus hijos y los pequeños se desorientan y acaban teniendo dificultades para comportarse correctamente y comprender lo que los padres les plantean.
- No aceptan ni siguen las pautas educativas de los padres.

UN PEQUEÑO CONSEJO

Es importante que los abuelos puedan escoger la manera en que ayudar a sus hijos en la tarea educativa y cómo relacionarse con los nietos, y que puedan compaginar esta dedicación con sus necesidades, obligaciones laborales o profesionales y sus intereses, ya sea culturales, de ocio, en sus relaciones con otras personas o su tiempo libre.

Ante esta perspectiva se abre un debate en el que deben participar todos los sectores de la sociedad para poder llegar a un análisis global que valore los diferentes puntos de vista, las responsabilidades educativas que corresponden a cada colectivo y el acuerdo necesario sobre lo que se puede, lo que se debe o lo que se desea hacer.

La voz de cada colectivo

En el momento en que se plantea la relación entre personas, y especialmente entre grupos que tienen diferente protagonismo en una misma situación (abuelos y abuelas, padres y madres y nietos y nietas), esta es de gran complejidad, ya que se muestran los intereses, los puntos de vista y lo que cada uno espera de dicha situación.

Cada persona, incluso en su grupo, no desea hacer lo mismo que hacen los demás, sino aquello en lo que cree o que le gusta hacer. En el caso de la educación, existen diversas maneras de percibirla y se encuentra, en parte, determinada por la educación recibida, la experiencia adquirida en momentos anteriores, los deseos no cumplidos y el momento en el que se vive. Cuando las personas a las que se tiene que educar son los nietos, los matices aumentan debido a la carga afectiva y al momento vital de los abuelos.

Otro aspecto que interviene en los modelos educativos y sociales es, sin duda, el sexo de la persona. Así, las madres, ¿qué esperan de las abuelas y estas de las hijas o de los hijos? ¿Esperan lo mismo de sus yernos o de sus nueras? ¿Los padres tienen las mismas demandas? ¿Qué se espera de los abuelos? ¿Qué se les exige a las abuelas? Si se tiene que cuidar a nietas o nietos, ¿la exigencia es la misma en todas las edades?

Debido a esta complejidad es importante saber qué demanda cada colectivo.

Qué piden. Deseos y complicidades

Cuando se habla de deseos normalmente se piensa en la consecución de placer, de unos beneficios materiales o emocionales o en la satisfacción de unas expectativas. Si se trata de un deseo en el ámbito de las relaciones personales, pensaremos en un ambiente de comunicación y afecto, en el reconocimiento positivo de las personas y en la manera de responder a las situaciones y a los mensajes, de manera que tenga lugar un diálogo de respeto mutuo.

Desde este punto de vista, es importante considerar que cada persona tiene cierto protagonismo a la hora de buscar cómo fortalecer los vínculos y los afectos a partir de la comprensión de los demás, al mismo tiempo que ser comprendido, respetar la diferente manera de actuar según las posibilidades y deseos personales y valorar las formas de relacionarse, de modo que pueda crearse un ambiente y un contexto satisfactorios que favorezcan el entendimiento.

Lógicamente, los nietos son los que tendrán una participación menos activa en estas decisiones o responsabilidades, pero al ser el eje vertebrador de

UN PEQUEÑO CONSEJO

El papel de mayor responsabilidad educativa de los padres con sus hijos será fundamental para liderar las relaciones, lo que favorecerá que los nietos comprendan a los abuelos y que se encuentre un espacio positivo que garantice la comprensión mutua.

las relaciones, podrán suavizar muchas situaciones y constituirán el foco de interés y de afecto entre padres e hijos.

La experiencia de las personas adultas será un factor clave para valorar los deseos y las complicidades susceptibles de potenciarse. Los abuelos, por el simple hecho de haber educado a los hijos y tener relación con los nietos, se encuentran en una situación de privilegio. Los padres, por su responsabilidad educativa, podrán crear el ambiente adecuado. Y, conjuntamente, podrán acompañar a los pequeños para que puedan crecer en un ambiente de diálogo y de respeto mutuo.

Los abuelos y las abuelas

Los abuelos y las abuelas sienten un gran deseo y placer de poder compartir muchos momentos con sus nietos. Poder dar respuesta a unas demandas sin la mirada enfocada en la obligación de educar confiere a esta relación un valor añadido al centrarse básicamente en los afectos y las complicidades.

Los abuelos tienen la oportunidad de relacionarse con sus nietos de una forma más lúdica y compartir con ellos momentos de gran complicidad.

Ya no les corresponde la responsabilidad de educar. La trayectoria vivida, además de la distinta percepción del tiempo y del proceso de superación de muchos aprendizajes, serán aspectos determinantes en el momento en que se tengan que satisfacer las demandas de los nietos. La valoración de las urgencias en estas demandas y la visión de que muchas situaciones que se habían vivido como imprescindibles en el pasado, y que se resolvieron sin mayores problemas posteriormente, les proporciona una visión que implica mayor flexibilidad.

Asimismo, como los abuelos saben que los padres podrán hacerse cargo de las demandas de sus hijos, sus prioridades se centran en el deseo de de disfrutar con ellos y de no tener que batallar por unas exigencias que deben asumir los progenitores. No se trata de desautorizar, sino de poder mostrar a sus nietos que ellos cumplen otro papel y otra responsabilidad, por lo que sus relaciones no están determinadas por las exigencias de los pequeños, sino por el deseo de estar juntos.

SABER +

El hecho de que el tiempo destinado a convivir con los nietos sea un periodo que se considera relativamente limitado y que la exigencia no sea tan grande como la de los padres favorece una actuación más relajada y más comprensiva en las situaciones de exigencia doméstica, aunque las exigencias sean mayores en el ámbito laboral o incluso en otras circunstancias.

También es importante que los padres y los mismos abuelos tengan conciencia de que no existe un único modelo en las relaciones entre nietos y abuelos, del mismo modo que no lo hay entre padres e hijos, y que en todos los momentos, las actitudes y las respuestas no siempre son las mismas. Cada persona tiene su propia experiencia y sus ideas. Con los abuelos, las diferencias aumentan y la manera de reaccionar puede ser todavía más diversa. Así, hay que destacar que una misma persona es distinta como padre que como abuelo.

Entonces, ¿cuál es el problema? Lo mejor es plantear con antelación y de forma clara el papel que le corresponde a cada uno, ya que de este modo se evita la comparación, la competitividad, los reproches y las exigencias. Se trata de no hacer juicios de valor sobre los comportamientos y las distintas respuestas de los abuelos. Resulta fundamental saber qué puede hacer cada persona y por qué. Las experiencias, los momentos personales y los modos en que se ha actuado durante la vida forman parte exclusiva de los abuelos.

Sencillamente se trata de favorecer la comprensión, así como de buscar, en la medida de lo posible, algunas ideas que puedan ser compartidas para que los abuelos puedan tener la oportunidad de hallar complicidades con los nietos. La tarea de los padres será ayudar a los pequeños a comprender y respetar la manera de actuar de cada abuelo y abuela.

Esta comprensión y respeto conllevará que los padres puedan, con cariño y comprensión, aceptar el papel de los abuelos sin recriminar que cuando les educaban a ellos, sus hijos, eran más estrictos. Entonces tenían una responsabilidad como padres, algo que en estos momentos no tienen con sus nietos. Por ello, es fundamental que los padres asuman la educación de sus hijos y que, con serenidad y tranquilidad, vayan explicando a los pequeños la manera de actuar de los abuelos, ya que esto favorecerá tanto la comprensión de la trayectoria vital de los abuelos como de sus diferentes papeles. La forma de actuar con los abuelos puede ser totalmente inadecuada en casa y, en este sentido, los padres no deben ceder ni sentirse desautorizados por los abuelos.

Las madres y los padres

En principio, los padres desean que los abuelos los ayuden y apoyen. Pero estos deseos serán una consecuencia de las relaciones que hayan tenido como hijos, de los valores que hayan recibido de sus abuelos y de sus padres, de la satisfacción de su trayectoria personal y de su grado de autonomía afectiva y funcional. Ahora bien, es importante considerar que con independencia de su trayectoria ese momento se trata de una gran oportunidad para redefinir el papel personal y generacional, algo que tendrá gran interés a la hora de compartir, modificar, mejorar, aprovechar y valorar la situación que ofrece la llegada del bebé. Para obtener la ayuda adecuada, resulta positivo considerar las distintas posibilidades con anterioridad para demandar una ayuda que pueda ser satisfecha por parte de los abuelos. Esta ayuda puede poseer diversos matices y puede tener un carácter más continuado o no, aunque lo verdaderamente importante será contar con la experiencia de los abuelos, de la misma manera que lo será ofrecer un espacio para que puedan ejercitar las competencias personales y la satisfacción personal a través de las relaciones con el bebé. Esta relación positiva y equilibrada constituirá la base de la imagen que el bebé recibirá de cada persona individual y como grupo: padres y abuelos.

La llegada de un bebé supone la aparición de nuevos roles en la familia, tanto para los padres como para abuelos.

Del mismo modo, los padres tienen la necesidad de ejercer su nuevo papel con el apoyo de los abuelos, pero que al mismo tiempo les permita abrir nuevos caminos y experiencias en función de sus contactos y de las sugerencias de los profesionales. Lo primero que desean los padres es poder ofrecer al bebé unos cuidados hasta cierto punto diferentes de los que ellos recibieron en su infancia, ya que consideran que el tiempo evoluciona y que existen otros modelos a la hora de educar y proporcionar los cuidados básicos a los recién nacidos y a los niños durante su infancia. Por este motivo, el hecho de que no se reproduzcan los patrones educativos de los abuelos no debe interpretarse de manera negativa. Los padres tienen el derecho de poder tomar las decisiones que crean convenientes sin que ello conlleve críticas o desaprobación. Esta necesidad de experimentar y revisar lo vivido debe permitir cierta libertad, que no tiene que hallarse condicionada por una actitud desconfiada por parte de los abuelos, que pueden considerar que lo que ellos hicieron y el modo en que lo hicieron era mejor y que las ideas modernas no resultan ni tan positivas ni tan educativas. Es importante que los abuelos respeten las iniciativas de los padres. El debate, en caso necesario, debe hacerse de manera positiva, sin descréditos o juicios de valor negativos y los abuelos tendrán que evitar cualquier reproche en el momento en que los padres tomen una decisión contraria a la suya.

La mejora en las prácticas cotidianas, junto con el aprendizaje de nuevas formas de enfocar las cosas, deben ser factores positivos para todos y permitir añadir a la experiencia de los abuelos las mejoras de la sociedad, de manera que toda la familia adquiera mayores competencias para poder satisfacer las necesidades de los nietos.

Los nietos: infancia y adolescencia

La infancia y la adolescencia constituyen, en definitiva, el eje de las relaciones con los abuelos y una nueva oportunidad para potenciar las relaciones familiares. Las formas en que se establecen las relaciones entre nietos y abuelos vienen, en gran medida, determinadas por distinta mirada que les otorga la edad y la experiencia.

Durante los primeros días de vida del bebé, los abuelos y, especialmente la abuela, si es quien jugó un papel más destacado en el cuidado de los hijos, no experimentan tantas dudas ni angustia. No tienen ninguna prisa, ya que el sentimiento de responsabilidad se percibe y se vive de forma diferente a los padres lo que, sin duda, es captado por el bebé.

Los padres, a causa de la etapa de la vida en la que se encuentran, tienen exigencias laborales, educativas y domésticas, por lo que, debido al cansancio, las obligaciones, las prisas y las exigencias, viven esta etapa de otra manera. Los abuelos constituyen un soporte, un complemento muy importante, pero no son el eje básico de las relaciones ni tampoco de las exigencias. Los nietos captan y comprenden con rapidez esta actitud diferente y responden de manera afectuosa ante la presencia de los abuelos como si de un regalo se tratara. Los abuelos andan y hablan más despacio y ven las urgencias desde otra perspectiva. No se encuentran en primer plano en las relaciones con la escuela o con el profesorado y no deben dar respuesta a situaciones conflictivas o ante decisiones importantes. Son un contrapunto para los nietos y, por tanto, un factor positivo para ellos.

Los niños aprenden que su relación con los abuelos es diferente a la que tienen con sus padres, y los convierten en sus compañeros de juegos.

Los nietos suelen expresar sus deseos ante los estímulos del entorno (productos, objetos, ofertas): «Me comprarás», «Me darás», «Me gusta», «Quiero» son demandas frecuentes. De igual manera solicitan la complicidad de los abuelos ante momentos de malestar o de dificultad con el fin de resolver la situación de la forma más placentera y fácil posible: «No me gusta», «Estoy cansado», «Pesa mucho»... La respuesta esperada es que los abuelos resuelvan el conflicto llevando la bolsa, cambiando el menú o encontrando la mejor manera de evitar el descontento.

Los abuelos, al advertir los deseos de los nietos, responderán de la manera más satisfactoria posible, aunque, en algunos momentos, sus respuestas entren en contradicción con las pautas de los padres.

Si los abuelos intervienen con más frecuencia y deben cubrir unas necesidades que no pueden resolver los padres, se deberá buscar una mejor planificación y una mayor participación de los nietos a fin de favorecer que se mantengan las pautas básicas que garanticen la salud y que esta responsabilidad no recaiga tan solo en los abuelos.

Asimismo, existe otro tipo de deseo y demanda por parte de los nietos que está vinculado a los momentos de placer en compañía de los abuelos. En esta categoría entran los momentos de juego, las canciones, los paseos, la narración de historias, el hecho de ser escuchados, compartir dudas y sentimientos y la realización de actividades cotidianas e incluso domésticas. Todas estas situaciones constituyen una oportunidad magnífica para la comunicación y el apoyo afectivo natural y tienen un gran valor en todas las edades, aunque se puedan expresar de formas muy diferentes.

Qué necesitan. Urgencias

Uno de los momentos de mayor complejidad, puesto que genera sentimientos ambivalentes, tiene lugar cuando se plantean las urgencias y las necesidades de cada colectivo.

Las necesidades de los abuelos y las abuelas, debido a la etapa de su vida, están relacionadas con una serie de situaciones a las que deben dar respuesta sin demasiada demora, al tratarse de factores relacionados con la salud y el bienestar, que condicionan su vida.

Por su parte, los hijos perciben sus urgencias en relación con la vida cotidiana del cuidado de los hijos y de su educación y esperan, de algún modo, poder tener el apoyo de sus padres, del que han disfrutado toda su vida y, por tanto, su implicación más o menos directa en el cuidado de los nietos para hacer más llevadera esta etapa de gran exigencia profesional y personal. En algunos momentos, este apoyo también resulta importante para poder tener un respiro en la ajetreada vida cotidiana o disfrutar de un momento de ocio.

Por este motivo es importante profundizar en la comprensión de las demandas, sus repercusiones y las limitaciones que pueden comportar para todos a fin de modelarlas, favorecer el entendimiento y la comprensión de unos y otros y, especialmente, evitar frustraciones, tensiones, desencuentros y sentimientos de culpabilidad. Para ello, es importante ver que cada demanda de uno tiene serias repercusiones en los otros.

Los abuelos y las abuelas

Uno de los aspectos que cabe resaltar con respecto a las necesidades de los abuelos es que están en un momento de su vida que del que solo podrán disfrutar con calidad adecuada si dedican un tiempo a cuidar de su salud, ya que, en muchos casos, no lo han hecho por falta de tiempo, al priorizar otras urgencias profesionales o parentales, por no tener información, oportunidades u otro tipo de recursos.

Del mismo modo, en esta etapa de la vida aparecen consecuencias físicas y psíquicas derivadas de las actividades profesionales, del desgaste lógico de la edad o incluso de la propia vida. Por este motivo, en este momento, existe una mayor necesidad de cuidado fruto de las propias circunstancias personales. Se debe tener en cuenta que se trata de un aspecto prioritario, que no debe vivirse de manera negativa. Además hay que tener en cuenta que en algún momento deberá considerarse motivo suficiente para limitar su ayuda al cuidado de los nietos.

	Necesidades	Oportunidades	
Aspecto determinante		Atención a la propia etapa vital	Colaboración doméstica
Salud	Buena	Interés por la salud Actividades de autocuidado Control sanitario autónomo Actividades físicas Alimentación y descanso	Posible, aunque limitada a situaciones que no exijan grandes esfuerzos Participación en los menús, que recuperan recuerdos y habilidades
	Delicada	Dependencia y necesidad de atenciones por parte de los hijos y nietos, según la edad, así como por personal especializado Ayuda a actividades de cuidado	Limitada y con apoyo, más centrado en las situaciones que no requieran esfuerzo

Otro aspecto que debe ser valorado como una necesidad y urgencia de los abuelos está relacionado con las actividades que no han podido realizar en otros momentos de su vida o con su deseo de continuar con las que están realizando, para lo cual precisan disponer de tiempo para ellos mismos.

Esta situación es relativamente nueva y se debe, en parte, a la mayor esperanza y calidad de vida, a la mayor formación y a las oportunidades que en la actualidad se ofrecen a este sector de la población: viajes, actividades culturales, ocio, y distintas ofertas como reconocimiento y valoración en una etapa de la vida con muchas competencias, posibilidades y derechos.

En todos estos casos, se deben valorar las necesidades de los abuelos, por su importancia en el ámbito personal, así como por las repercusiones a corto y largo plazo en su bienestar, aunque pueda ir en detrimento del apoyo que pudieran ofrecer a los hijos en cuanto a la educación de los nietos.

Oportunidades	
Ayuda en la educación de los nietos y nietas	**Relación con los hijos e hijas**
Participación en actividades, paseos, excursiones Exploración del entorno	Relación con autonomía, colaboración en situaciones puntuales, posibles actividades de ocio conjuntas Autonomía emocional y proximidad respetuosa
Soporte discreto y de menor frecuencia, condicionado tanto al estado general de salud física como al estado de ánimo	Dependencia y control respetuosos. Mayor estado de dependencia según situación y necesidades Fragilidad emocional y dificultades según las demandas de autonomía

Las madres y los padres

Siempre se ha precisado tiempo para cuidar de los hijos. Si a trabajar fuera del hogar para poder afrontar las necesidades económicas, unimos la realización de las tareas domésticas, se observará que de alguna manera se dificulta la dedicación diaria para dar respuesta a las diferentes situaciones cotidianas y educativas de los hijos.

La incorporación de la mujer al mercado laboral no es reciente; no obstante, esta obligación fuera del hogar no la ha liberado de las tareas domésticas y del cuidado de los hijos. El cambio más reciente que ha tenido lugar está relacionado con la mayor proyección profesional de la mujer, que ha iniciado un camino de mayores oportunidades profesionales, lo que ha implicado un horario laboral más amplio, desplazamientos relacionados con el trabajo y mayores responsabilidades.

La mayor implicación del hombre en las tareas familiares, domésticas y educativas es algo muy reciente, y todavía no se ha conseguido la paridad entre ambos sexos, lo que hace que incluso hoy, y de manera significativa, la madre tenga una mayor dedicación al hogar.

Todos estos cambios y procesos repercuten en la educación y la atención de los hijos Las mayores exigencias laborales y económicas y la búsqueda de recursos para mejorar la situación familiar han comportado, dependiendo del tipo de trabajo que se desempeñe, desplazamientos y amplios horarios, en muchas ocasiones poco compatibles con el horario escolar, lo que acaba determinando un ritmo de vida que deja pocos momentos de ocio a unos y a otros. Por tanto, el hecho de que se recurra a los abuelos en busca de ayuda resulta, en cierto sentido lógico, y su apoyo es muy útil para toda la familia.

Ahora bien, estas necesidades en algunos momentos entran en conflicto con las posibilidades de los abuelos, quienes, por las circunstancias mencionadas con anterioridad, no disponen de tiempo, ya sea por sus obligaciones laborales o por otras necesidades propias, para satisfacer estas necesidades, hecho que acaba desencadenando un conflicto entre unos y otros.

En el momento en que es evidente esta necesidad, la respuesta o solución no debería centrarse solo en los abuelos, quienes acaban sintiendo, directa o indirectamente, la presión de la exigencia, que les generará un sentimiento de culpa en el caso de no poder ofrecer su colaboración a los hijos. Así, se sentirán culpables por otras soluciones posibles, ya que conllevarán repercusiones económicas o el cuidado de los nietos no será el mismo que el que ellos pueden ofrecer.

Necesidades		
Aspecto determinante		Atención a la propia etapa vital
Situación personal, situación laboral, relaciones sociales, actividades culturales	Situación laboral no activa o jubilación	Necesidad del cuidado de su salud y otras actividades. Mejora de su imagen incorporando actividades que no fueron posibles en épocas anteriores
	Proyección laboral y profesional	Posiblemente con mucha exigencia y motivación por ser una etapa satisfactoria Repercusiones en la propia imagen Factor de salud emocional y por sus relaciones
	Intereses personales	Mayor dedicación y consideración positiva de la etapa vital Descubrimiento y dedicación a actividades a las que no se tuvo acceso Situación que puede exigir una dedicación sistemática
	Actividades culturales y relacionales	Necesidad que incide en la calidad de vida, en la socialización y en poder disfrutar y dar sentido a esta etapa Incidencia en la salud mental y el bienestar emocional
	La ausencia por actividades o descanso	Los motivos de la ausencia deben valorarse como una oportunidad para los abuelos Necesidad de descanso, de distanciamiento para vivir la etapa final de su vida

Oportunidades		
Colaboración doméstica	**Ayuda en la educación de los nietos y nietas**	**Relación con los hijos e hijas**
Posiblemente relevante en situaciones cotidianas de apoyo. Valoración de la participación y descanso en situaciones no necesarias	Puede ser significativa. Las respuestas serán, dependiendo de las necesidades y los deseos, más o menos sistemáticas Posible interés en participar de forma constante	Puede ser más significativa y de mayor dedicación si consideran que su ayuda puede ser valorada
Posiblemente irrelevante en las situaciones cotidianas y más esporádica, según sus posibilidades y los momentos de descanso o de menos trabajo	La dedicación menos sistemática favorecerá una menor intervención, pero podrá ser igualmente de naturaleza afectiva y relacional	Puntual y en función de las obligaciones profesionales
La dedicación será más esporádica y a menudo vinculada a momentos de mayor necesidad	Los vínculos y relaciones serán positivos y ricos en la medida que existe satisfacción personal Podrán transmitir los intereses vividos, las oportunidades que están descubriendo y ofrecer un modelo muy positivo de esta etapa vital	Menor presencia por necesitar tiempo para actividades que con anterioridad no han podido realizar
Momentos de recuperación de la memoria familiar, práctica de habilidades y búsqueda de reconocimiento	Intento de compartir alguna de las actividades Acciones esporádicas de acompañamiento pero con riqueza de oportunidades	Momentos puntuales, riqueza de comunicación y bienestar Satisfacción personal y valoración mutua
Será poco relevante y esporádica	Los momentos de convivencia serán valorados conjuntamente como una gran oportunidad	Posiblemente formarán parte de acciones que se valoran y a las que se da respuesta

Al ser esta situación generalizada, creemos que es preciso profundizar en el análisis de los recursos que puede ofrecer el entorno familiar (otros grupos de la misma familia que pueden organizarse por turnos o por actividades), escolar (actividades extraescolares, biblioteca) y social (ludotecas, vecindario, familias afines que comparten actividades escolares, asociaciones) o profesionales de apoyo.

Los nietos: infancia y adolescencia

A menudo, durante los primeros años de vida del niño, el deseo de tener relación con los abuelos no se considera urgente. Los nietos demandan su presencia y expresan su deseo de compartir momentos con ellos. En este caso, la presencia de los abuelos y el hecho de poder realizar actividades conjuntamente y de hacerles partícipes se vive como una situación positiva, de serenidad, en cuanto que se crea un ambiente positivo y sin tensiones, que permite que la menor presencia de los padres no se viva como problemática.

En general, los nietos desean compartir momentos y actividades con sus abuelos, hecho que resulta positivo tanto para unos como para otros.

La presencia de los abuelos como ayuda a la familia en momentos puntuales o de manera permanente debe plantearse de forma que los niños poco a poco vayan comprendiendo cuál es el papel de los abuelos y cómo, gracias a su ayuda, los padres están más tranquilos y las necesidades cotidianas se resuelven de manera satisfactoria. Sería el caso de enfermedades sin importancia o de horarios de difícil compaginación. El niño, a cambio, debe implicarse en la situación, siempre de acuerdo con su edad, con una actitud de respeto y colaboración.

Esta experiencia será interesante y positiva para toda la familia, ya que permitirá valorar el proceso de madurez de los nietos, quienes pueden participar en la organización del grupo familiar y adquirir la autonomía que les permita afrontar algunas de las necesidades, lo que mejorará su madurez y potenciará su participación.

SABER +

La necesidad de apoyo de los nietos está condicionada por lo que puedan aportar los abuelos, por su estado de ánimo, por su experiencia y por los vínculos que existan con los padres, así como los que se hayan establecido conjuntamente desde los primeros momentos de su vida, ya que las buenas relaciones intergeneracionales y la mirada positiva de los hijos será, sin duda, el factor que permita valorar a esta generación, junto con lo que se les pueda ofrecer a los nietos.

En la etapa final de la infancia y en la adolescencia, la necesidad de cuidado disminuye, aunque se mantiene el interés a la hora de compartir momentos o actividades que, aunque no sean muy frecuentes, tendrán mayor intensidad. Asimismo, los momentos de ternura se perciben como una oportunidad de gran fragilidad. Por ello, es también el momento para que los nietos sean un apoyo para sus abuelos. Así, es bueno que se les ofrezca la ocasión de tener pequeñas responsabilidades, así como apoyo puntual, o que acompañen a sus abuelos a realizar cualquier encargo, ya que todo ello resultará positivo para los niños.

Qué aceptan. Exigencias y responsabilidades

A menudo, la exigencia lleva implícita la responsabilidad, aunque no en la misma medida ni por la misma persona. Así, la exigencia de unos comporta responsabilidad para otros. Para poder responder a las demandas, es fundamental comprobar si la persona que formula la demanda tiene en cuenta a la que debe responder con la responsabilidad.

Los paseos con los más pequeños pueden resultar muy placenteros; además, son una buena forma de ayudar a los padres.

Puesto que se trata de padres y abuelos, esta demanda se valora desde otro punto de vista.

Los abuelos y las abuelas

Pocas son las exigencias de los abuelos con respecto a los nietos. Evidentemente, querrán verlos, compartir momentos importantes de su vida y otras experiencias, y también gozar de su crecimiento. En el momento en que esto se plantea como exigencia se entra en el terreno del desencuentro generacional, ya que normalmente esta relación se construye por voluntad y deseo tanto de los padres, como de los abuelos y los nietos.

En cuanto a las exigencias de los hijos con los abuelos debería considerarse que estos últimos no tienen ninguna obligación de ofrecer su apoyo en la educación de los nietos, por lo que no se les debe exigir que lo hagan y, en el caso de no hacerlo, considerar que faltan a su responsabilidad. De igual manera, no debe responsabilizarse a los abuelos del aprendizaje de los nietos en el ámbito doméstico o escolar. Si se favorece dicho aprendizaje, la ayuda será muy valiosa, pero si existen dificultades, no deben considerar que han actuado de manera inadecuada y que ellos son los responsables.

En el caso de que los abuelos cuiden de los nietos de manera sistemática, sería deseable que estos compartieran las pautas a las que los abuelos puedan dar respuesta sin que ello comporte asumir plenamente la responsabilidad educativa. La mejor manera de llegar a este acuerdo es valorando las posibilidades de los abuelos y lo que pueden asumir, a fin de evitar las situaciones de mayor dificultad, que pueden ser asumidas por los padres y con ello evitar grandes distorsiones a los nietos.

Del mismo modo, será importante hacer reflexionar a los pequeños sobre su comportamiento con los abuelos, con los padres y en la escuela para que no tengan la idea de que con los abuelos pueden hacer todo lo que quieran.

Las madres y los padres
Ante todo, es fundamental asumir que las responsabilidades educativas corresponden plenamente a los padres. Las directrices, el tipo de educación y los criterios deben ser planteados e implementados por los padres siempre que estén con sus hijos, así como en situaciones de carácter excepcional o en la vida cotidiana fuera del hogar y con los abuelos.

Es preciso que el mensaje sea claro: en casa de los abuelos, estos permiten ciertas situaciones pero, en casa de los padres, los niños deben actuar siguiendo las propuestas de los progenitores. Las razones son igualmente claras. De la misma manera que en los centros educativos hay unas reglas y en los lugares públicos otras, en el seno familiar, las normas pueden ser diferentes a las que existen en casa de los abuelos. La claridad de este mensaje evitará situaciones de tensión y de enfrentamiento cuando los nietos constaten, por comparación, las diferentes maneras de responder a las mismas situaciones. No tiene sentido entrar en la competitividad ni en chantajes emocionales, hecho, por otra parte, fácil para los nietos. Ante la afirmación de los hijos: «Los abuelos me quieren más y no me hacen comer esto», la respuesta de los padres debe ser clara: «En casa de los abuelos haces lo que te dejen y aquí lo que te proponemos».

De la misma manera, será importante que los padres transmitan la necesidad de actuar de forma adecuada con los abuelos como factor de coherencia y que, en ningún caso, puedan oír que se culpabiliza a los abuelos de las conductas infantiles. El respeto y el afecto que los padres transmitan cuando se trata de los abuelos será un factor educativo positivo para toda la familia.

UN PEQUEÑO CONSEJO

Las responsabilidades de los niños deberán ser adecuadas a la edad y al proceso educativo, y siempre supervisadas por los padres, quienes valorarán su implicación y participación en las situaciones propuestas por los abuelos a fin de potenciar las oportunidades educativas, el aprendizaje y el apoyo que, a medida que vayan creciendo, podrán ofrecer a los abuelos. Este hecho potenciará tanto las relaciones afectivas como la satisfacción mutua.

Los nietos: infancia y adolescencia
Evidentemente, los nietos se encuentran en el centro de estas relaciones y, por tanto, no son ajenos a las respuestas de los abuelos y de los padres, del mismo modo que tampoco lo son a las situaciones de confrontación que puedan producirse.

Sus exigencias deben ser revisadas por los adultos. De este modo, pueden expresar sus demandas, pero, en cambio, pocas exigencias, ya que son los padres y los abuelos quienes deben decidir lo que deben hacer los niños.

En cuanto a las responsabilidades en esta etapa de la vida de los niños, serán pocas, especialmente durante los primeros años, aunque, a partir de los 3-4 años, y siempre teniendo en cuenta la madurez y las situaciones concretas, no deberían ser ajenos a las consecuencias que conllevan sus demandas, sus necesidades y sus respuestas.

A medida que vayan creciendo será posible una mayor participación y que asuman mayores responsabilidades, siempre supervisadas por los padres y los abuelos.

Las actitudes

La percepción del papel de uno mismo y de lo que se espera de los demás, cuando se trata de la educación de los menores, determina, de forma muy relevante, las actitudes de cada persona, lo que dificulta o facilita la comunicación entre los adultos, que a su vez repercute en las relaciones con los hijos y los nietos. Por este motivo, será necesario realizar un breve análisis de las actitudes más frecuentes, con el fin de señalar los elementos más relevantes que las caracterizan, aunque nunca tengan lugar ni todas ni de la misma manera.

Los principales indicadores de las actitudes que determinan las acciones educativas están caracterizados por la psicología y las ciencias de la educación, de acuerdo con modelos muy bien definidos, y su influencia y sus repercusiones se valoran en las actitudes de los menores, así como en su manera de reaccionar y comportarse, es decir, los riesgos o efectos positivos de cada uno de ellos.

Los abuelos y las abuelas

Muchas de las maneras de actuar de los abuelos estarán determinadas por el modo en que educaron a sus hijos. La confianza que mostraron y si potenciaron la autonomía y la libertad para desarrollarse y tomar decisiones se convierten en indicadores a la hora de concebir el proceso educativo y de cómo establecen sus relaciones desde el momento en que se espera el primer nieto, así como su actuación en su nuevo papel como abuelos. Las actitudes en esta nueva etapa de la vida podrán ser diferentes, dependiendo del modo en que trataron a su hijos, y de si eran niños o niñas.

Abuelas y abuelos omnipresentes

Con la llegada del bebé vuelven a surgir las ideas y las actitudes que determinaron el modelo educativo como padres. En el caso de los abuelos, que consideran imprescindible su presencia, las relaciones con sus hijos y con sus nietos tendrán mucha fuerza y protagonismo, ya que sus acciones son directamente proporcionales a su opinión con respecto a las competencias educadoras de los padres. Cuanto mayor sea la desconfianza hacia los padres y, especialmente, hacia la madre, mayor será su intervención, lo que creará dependencia e inseguridad en lo que a los cuidados del bebé se refiere.

Esta presencia podrá estar reforzada entre abuelas y madres, porque en nuestra sociedad la participación de los hombres en el cuidado infantil aún no es equiparable al papel que cumple la mujer. Si la joven pareja se organiza de manera más paritaria, podrá generar dificultades y críticas, debido a la falta de confianza en las competencias masculinas para el cuidado de los bebés, más en el caso del yerno que si se trata del propio hijo.

La actitud de desprestigio y desautorización hacia los padres no repercute de manera positiva en las relaciones que se establecen ni entre las personas adultas ni con los nietos, ya que se muestra una imagen de fragilidad y de dependencia. Por este motivo, es importante que los padres asuman su responsabilidad y que con ternura, cuidado y respeto, pero también con firmeza, hagan prevalecer su papel y muestren seguridad a la hora de defender los criterios que como nuevo grupo familiar quieran imponer, a fin de preservar las relaciones y sus ideas.

Los abuelos y las abuelas desconfiados y temerosos

Las personas que ya han vivido la paternidad pueden condicionar la actuación de los padres, especialmente ante el primer hijo, hasta el punto de considerar incompetentes a los progenitores. Esta percepción viene, a menudo, determinada por el grado de autonomía emocional y personal y puede condicionar la seguridad de los padres ante las decisiones que deban tomar.

La inseguridad de los padres, por otro lado, lógica, a la hora de enfrentarse a cualquier situación nueva e intensa, debido a la fragilidad del bebé, no debería verse aumentada con los temores de los abuelos, y mucho menos con su desconfianza. Por tanto, aunque las reacciones de ambos colectivos tengan su explicación, la situación que debe suavizarse por parte de unos y otros como un proceso que inicialmente era inevitable, pero que debe asumirse como un aprendizaje progresivo de situar a cada uno en su lugar. Así, los abuelos deben aconsejar y confiar, mientras que los padres tienen la función de decidir.

Una buena relación entre hijos y abuelos, basada en la confianza y el diálogo, favorece el vínculo afectivo entre abuelos y nietos.

Esta desconfianza no constituye un buen punto de partida, ya que puede provocar que los padres y las madres se enfrenten a sus progenitores, los abuelos, quienes consideran que pueden resolver las situaciones de forma más adecuada que los propios padres.

Los abuelos y las abuelas confiados y serenos

Se trata, sin duda, de la mejor actitud que pueden y, de hecho, deben adoptar los abuelos. Así, la experiencia que viven los hijos les recuerda a la que experimentaron ellos en su momento. Si la suya fue positiva, será más fácil que la reproduzcan y, si la relación con sus padres resultó menos buena, siempre tienen la posibilidad de cambiarla para no repetir un esquema que para ellos no fue gratificante.

La confianza en la juventud y en sus propios hijos constituye un factor fundamental para que las relaciones resulten satisfactorias. El hecho de estar a su disposición permite que exista este diálogo confiado, al mismo tiempo que no anula la capacidad de tomar decisiones.

Esta distancia de seguridad es el mejor apoyo que se les puede ofrecer a los hijos, y la proximidad no será decisiva si no implica grandes riesgos para los nietos.

La sobreprotección de los abuelos

La actitud de sobreprotección que ejercen los abuelos hacia sus nietos es, quizás, la más cuestionada por los padres, especialmente en los momentos en los que puede haber dificultades a la hora de lograr respuestas adecuadas por parte de los pequeños.

El lugar de los abuelos es precisamente el de poder permanecer con los nietos sin la presión educativa que recae sobre la figura de los padres. Los criterios educativos que protegen a los niños, al mismo tiempo que favorecen el crecimiento y la madurez, no son responsabilidad de los abuelos. La tarea constante de transmitir estos criterios, de acompañar y de exigir es ardua y requiere constancia y firmeza. Las relaciones con los abuelos permiten momentos en los que se dejan a un lado estas pautas, lo que favorece su complicidad y se acepta de manera positiva por los nietos, sin que ello implique una contradicción con las pautas impuestas por los padres.

Cuando el cuidado de los abuelos sea permanente, deberá buscarse cómo gestionar aquellos aspectos que comporten más dificultades a fin de que no recaiga en ellos el papel educativo y puedan continuar, de manera flexible, ejerciendo su papel.

Del mismo modo, es importante que los abuelos puedan advertir las actitudes de los nietos cuando dan a conocer sus demandas, a veces premeditadas. Conscientes de las negativas de los padres, los nietos buscan en los abuelos las complicidades que les permitan obtener caprichos que en muchas ocasiones les han negado los padres.

Si bien es positivo que exista flexibilidad, también será conveniente que sean los abuelos quienes decidan cuándo satisfacen estas demandas o cuándo es necesario negarlas para evitar que los nietos acaben asumiendo que los abuelos están a su servicio y que siempre deben satisfacer todos los caprichos, lo que podría hacer que los pequeños vieran las relaciones con los abuelos más por motivos de interés y egoísmo que por simple afecto y aceptación del papel de los adultos.

Las madres y los padres

Las actitudes iniciales de inseguridad parental son lógicas, si se considera la diferencia que existe entre lo imaginado y lo teórico, por un lado, y la practica con un bebé, por el otro. Es preciso, pues, tener en cuenta que las competencias educativas se adquieren con la práctica, y que los tanteos permiten un aprendizaje cuyos resultados se pueden observar a medida que pasan los días y se van constatando los beneficios o la necesidad de replantearse las acciones. Este proceso permite mejorar las propias competencias, adquirir seguridad y poder compartir de igual a igual tanto con los abuelos y como con otros grupos de padres. Precisamente por su papel educativo, podrán potenciar las oportunidades, siempre y cuando las actitudes de los abuelos estén en consonancia con el modelo educativo parental, y tendrán que contrarrestar los riesgos y favorecer la comprensión por parte de los nietos para evitar desprestigiar a los abuelos, y hacer referencia a las repercusiones negativas de las actitudes de los abuelos, ya que podrán desorientar a los menores.

Las relaciones afectivas. Lo que no se puede perder

Tras este examen general de los deseos, las exigencias y las actitudes, es posible constatar que, en algunos momentos, las relaciones pueden no estar exentas de tensiones, desconfianza o de cierta presión, lo que es lógico por la diferencia de edad, las experiencias vividas, las relaciones previas a esta situación y los posibles cambios que se producen con el fin de mejorar el cuidado de los bebés. En este sentido, es fundamental reflexionar acerca de la necesidad de preservar las relaciones positivas entre las personas adultas y con los pequeños a fin de potenciar el clima afectivo para garantizar el bienestar del bebé y, por tanto, de las personas que lo rodean. Esta situación es posible si se define con claridad el papel que cumple cada generación, así como las relaciones se establecen basándose en la confianza en el potencial de las personas, en las posibilidades de aprender nuevas competencias y, por tanto, en las complicidades, siempre respetando (abuelos, padres y nietos) el lugar que corresponde a cada grupo familiar, no porque nadie excluya, sino porque existen diferentes responsabilidades y formas de actuar.

Los padres deberán asumir la responsabilidad educativa de los hijos, siempre de acuerdo con los profesionales (pediatra y profesores, principalmente), quienes les ayudarán a lo largo de todo el proceso y, a su vez, deben reconocer y respetar a los abuelos. Por su parte, los abuelos deberán respetar y reconocer el papel educativo de sus hijos y podrán actuar de forma flexible en función de sus deseos y del apoyo que les ofrezcan. Los nietos tendrán que respetar a todas las personas adultas, y siempre deberán tener presente que los padres serán la guía principal y que cualquier respuesta o actuación de los abuelos es la que corresponde por su edad, experiencia y afecto.

Según diferentes factores		Relación con los hijos e hijas
Actitud	Omnipresente	Desautoriza Interviene en las decisiones
	Temerosa y desconfiada	Constante supervisión y avisos, actitud de recelo, valoración negativa («¿qué van a pensar?», «¿qué dirán?», lo que puede acabar generando malestar o sumisión Desconfía y supervisa constantemente para evitar imprevistos
	Confiada	Distancia afectuosa Respeto a las decisiones No cuestiona, compara ni da lecciones, sino que sugiere cuando se precisa, cuando existe la oportunidad o cuando lo desea, pero sin presiones
	Sobreprotectora	Apoya a los padres, pero pide su espacio propio para estar con los nietos

Colaboración doméstica y educativa	Actitud educativa con nietos y nietas	Atención a la propia etapa vital
Presencia constante para modificar y organizar Sugiere, pero con contundencia	Resuelve las necesidades Dirige y organiza las situaciones	Se descuida para ser imprescindible Llegará a demandar cosas que impliquen culpabilidad porque ha dedicado todo el tiempo a la familia Tendencia al chantaje emocional
Participativa, pero con poca flexibilidad Los cambios se viven como amenaza Reproducción de lo conocido	Procura no dejar espacios de decisión Marcan las líneas de actuación Tiende a reproducir su experiencia al considerarla mejor.	Puede ser dependiente; en cambio, la ayuda requerida se vive como una respuesta obligada a su dedicación y disponibilidad
Apoyo puntal En caso de apoyo continuado por necesidad, procura respetar las reglas básicas	Ofrece el apoyo necesario Deja actuar para comprobar la actitud habitual. Comenta las dificultades o excepciones	Tiene espacios personales No busca la dependencia para las propias necesidades Le gusta tener autonomía
Evita la dificultad Resuelve algunas situaciones de forma positiva	Resuelve las situaciones sin dar muchas oportunidades al fracaso No exige mucho, permite la autonomía, pero facilita la situación	Puede descuidar sus necesidades para favorecer sus relaciones, ya que le resultan muy gratificantes No exige y no acepta exigencias ni culpas

Los abuelos y su papel en la familia

Los abuelos y su papel en la familia

Qué duda cabe que los abuelos juegan un papel importante en la vida familiar. También es cierto que en algunos momentos se les ha exigido, por diferentes razones, todas ellas lógicas o circunstanciales, cierto protagonismo en la educación de los nietos, lo que ha condicionado la aparición de opiniones, actitudes y valoraciones tan diversas, e incluso opuestas, que acaban entorpeciendo o enrareciendo las relaciones entre los adultos y con los mismos nietos.

¿Cuál debe ser el papel de los abuelos? ¿Cuál tiene que ser su actitud educativa? ¿Un apoyo para los padres? ¿Son los causantes del desconcierto de los nietos o culpables de su inmadurez? ¿O, sencillamente, han hecho lo que debían hacer?

En definitiva, el modelo de lo que deben ser los abuelos no es universal, ni único y admite muchos matices y situaciones, al mismo tiempo que no es igual en todas las edades. Su papel en la educación de los nietos se va modificando continuamente en función de las circunstancias personales y familiares, aunque nunca, excepto situaciones extremas, debe sustituir al papel deben desempeñar los padres.

Los abuelos, liberados de su responsabilidad educadora, pueden establecer con los nietos una relación más sosegada de la que tenían con sus propios hijos.

Por ello, cierta perspectiva y recorrido a través de las etapas de la vida de los nietos permitirán comprender por qué su papel y su protagonismo no permanece estático, y cómo el grupo familiar participa para que estos cambios resulten posibles, para crear el espacio para cada persona y edad y para potenciar un clima favorable en las relaciones.

Los abuelos en la familia. Las etapas de la vida de los nietos y las nietas

Cada familia es un mundo y cada persona actúa y vive de una forma concreta las distintas etapas de la vida, fruto de experiencias previas (de su infancia y juventud), así como de la manera en que interpreta el mundo, lo que ejerce cierta influencia en los demás miembros del grupo familiar. Los nietos constituyen el eje a través del cual se va a desarrollar el papel de los abuelos. Como suelen convivir con, como mínimo, con 6 adultos (padres y dos parejas de abuelos), se encontrarán con diversas actitudes, puntos de vista y momentos vitales. Por ello, el diálogo entre adultos será fundamental para crear un ambiente positivo que permita reforzar los vínculos afectivos con todas las personas y comprender estas formas diferentes de afrontar la vida, de responder frente a situaciones concretas y de ir reforzando los vínculos fundamentales para el bienestar de toda la familia.

El liderazgo de este diálogo recae en la generación intermedia, es decir, en los padres. En su nuevo papel como progenitores establecerán una nueva relación con sus propios padres, en la actualidad abuelos, y podrán comprender muchas de las situaciones que vivieron como hijos, lo que, sin duda, les hará entender la perspectiva que tenían, suavizará algunos de los juicios que hicieron en su momento y volverá a acercarlos a ellos, tejiendo una red de complicidades, ternura y afecto, para poder actuar como adultos con sus propios hijos, comprendiendo que para sus padres son los nietos, lo que implicará una nueva manera de reaccionar.

Como padres, deberán asumir la responsabilidad educativa. Al mismo tiempo, tendrán que crear un espacio para que los abuelos puedan participar en esta educación según su pensamiento, su momento vital, su modelo de vida, su forma de ser y sus deseos, pero sobre todo como abuelos, lo que supone un papel muy diferente y necesario para toda la familia. Por tanto, el objetivo del diálogo no es unificar las respuestas o las acciones educativas, sino conocerlas y respetarlas, del mismo modo que comprender el ilógico debate que se genera cuando los padres sugieren o exigen a los abuelos que actúen del mismo modo que cuando ellos eran pequeños, hasta el punto de casi acusarlos de ser más benévolos en su papel de abuelos que en el de padres.

UN PEQUEÑO CONSEJO

El reconocimiento de los abuelos y los vínculos que se establecen entre ellos y los nietos están en gran medida determinados por las actitudes de los padres. Es muy importante establecer puentes de comprensión para que los nietos y los abuelos puedan construir formas de relacionarse, que irán evolucionando con la edad y los intereses de ambos, pero que serán fundamentales para el proceso educativo y vital de toda la familia.

UN PEQUEÑO CONSEJO

Las relaciones de los abuelos con los nietos no serán nunca iguales que las que tuvieron con sus hijos, ya que ellos no son los responsables directos de su educación; por este motivo, pueden dar prioridad a los afectos, a la comprensión y a las complicidades. Su serenidad y ternura serán factores importantes en sus relaciones y crearán espacios de entendimiento que serán de gran valor para toda la familia, y especialmente para ellos.

SABER +

En el momento en que llega el primer nieto o nieta, las relaciones entre los adultos de una familia cambian de manera radical. Los hijos, en ese momento padres, encontrarán en los abuelos un punto de apoyo y complicidad para poder ejercer su nuevo papel educativo. Por otra parte, los abuelos tendrán la oportunidad de relacionarse con los nietos sin tener que asumir el papel de educadores principales, por lo que podrán disfrutar de su inocencia, creatividad y vitalidad.

De ahí la necesidad de favorecer la comprensión en el modo de educar, de ofrecerse ayuda mutua en situaciones cotidianas, apoyo en las etapas de mayor dependencia de los nietos, así como en momentos críticos, y encontrar múltiples complicidades ante las situaciones que lo requieran.

En la educación, la diferencia entre la teoría y la práctica es como un gran abismo, ya que la gran implicación emocional de las personas que configuran el núcleo familiar, la fragilidad de los niños, especialmente durante sus primeros años de vida, y las urgencias cotidianas condicionan y determinan, en muchos casos, la forma de resolver las situaciones. Precisamente por este motivo, el apoyo de los abuelos tampoco será el mismo en todas las edades, puesto que tanto la necesidad de apoyo para los padres como de comunicación y vivencia de los abuelos cambiará no solo a causa de las diferentes edades de los nietos, sino también por la de los abuelos.

Antes de analizar de manera más pormenorizada los diferentes modos de afrontar las relaciones y la posible dedicación según edades de los nietos, es importante considerar los cambios que se producen en la relación entre adultos a partir de la noticia del nacimiento del bebé.

El bebé en camino. Nuevos papeles y nuevas relaciones

Tras la noticia, a menudo esperada y deseada, de la llegada de un bebé, se inicia una nueva etapa en el contexto familiar. Aunque existe un tiempo de espera, desde el primer instante, se inician unos cambios muy importantes en el seno de la pareja, así como en sus relaciones con el entorno familiar.

En ese momento, los futuros padres «regresan a casa». Indiscutiblemente, mantienen su autonomía e independencia en la toma de decisiones, en sus elecciones y en sus prioridades, aunque empieza una etapa en la que se suele pedir consejo. Sus

Las abuelas, de alguna forma, reviven en sus hijas la alegría de la maternidad que ellas mismas experimentaron en su día.

padres, con la mirada ya centrada en su papel como abuelos, también deberán escuchar y aceptar el espacio que se les otorga y lo que se espera de ellos.

Uno de los factores que conllevará mayores cambios es la consideración que tendrán unos con respecto a los otros. Por un lado, los futuros padres no necesitan enfrentamientos para construir su espacio e identidad (ya lo hicieron cuando eran adolescentes y jóvenes) y los abuelos, a su vez, no deben recuperar el papel educativo que tenían cuando eran padres (aunque siempre tengan esta visión protectora), ya que, en lugar de mirar hacia el pasado, ahora deben ser un apoyo y sugerir siempre de manera respetuosa, con el protagonismo que se les otorgue, pero también defendiendo y construyendo el papel que les corresponde como abuelos y, en ningún caso, minimizando o desprestigiando el que corresponde a los padres. Será, sin duda, un verdadero aprendizaje para cada persona.

Otro de los cambios visibles que se producen es el posicionamiento de los futuros padres ante el futuro bebé, hecho importante para construir, como protagonistas, un nuevo espacio en el que cada generación ejercerá un papel diferente. Por tanto, ya comienza a apuntar una nueva etapa vital para todos los miembros de la familia, con unas connotaciones afectivas y emocionales para cada grupo, así como a nivel individual, con la inquietud y la inseguridad que esto comporta.

Los abuelos deben mostrar confianza en las competencias de sus hijos como padres, así como interés para ver el lugar que les otorgan y deseos de establecer vínculos con los nietos, así como ser aceptados, valorados y queridos.

La educación de los nietos, un reto que debe compartirse

Se empieza a hablar de educación con la mirada centrada en el bebé que va a nacer. Habrá que redefinir los espacios, los papeles y descubrir paulatinamente las nuevas relaciones, especialmente si se trata de la llegada del primer nieto. Después, con el nacimiento de otros nietos, se irán creando nuevas necesidades y realidades, lo que implicará la existencia de cambios, reconstrucciones y nuevos planteamientos, pero el camino resultará más fácil porque ya se conocerá.

Los padres advierten a los abuelos haciendo hincapié en que la sociedad ha cambiado, que ahora se cuida a los bebés de forma diferente y, por tanto, la manera de actuar no siempre será la misma que la que ellos emplearon. Se trata, sin duda, de una verdad importante, aunque se deberá considerar en su justa medida.

Con la promulgación de los derechos de la infancia se ha vivido un giro importante, aunque no universal, en materia educativa, al reconocer que el niño y el adolescente no son seres indefensos que no comprenden, sino que paulatinamente se ha ido creando un espacio para que los menores puedan crecer y participar en su propio proceso educativo.

Conocer las necesidades, las demandas y la visión de los niños desde las primeras edades exige un cambio de rumbo en el papel del adulto a la hora de potenciar la participación infantil en muchas de las situaciones cotidianas de la familia.

Sin duda, esto ha generado cierta desorientación, en especial por no contar en muchos momentos ni con la visión del mundo infantil y adolescente ni con la reflexión que de manera necesaria implican estos cambios, lo que finalmente acaba generando unas prácticas poco adecuadas si los adultos no han sabido desempeñar su papel educativo y su responsabilidad. Por ello, la complejidad será mayor en una sociedad con gran libertad, con tanta información y no siempre con el suficiente análisis.

Los abuelos, posiblemente desconocedores de algunas novedades, podrán ejercer una función puente con los padres y relacionarse con los nietos teniendo presente tanto su edad como su manera de comprender el momento evolutivo. Su mirada comprensiva, al recordar que es un proceso lleno de retos, podrá relativizar muchas situaciones en las que rijan las normas de los padres, pero sin faltar al respeto, recuperando la confianza en los propios hijos y en los nietos y, por último, conciliando, con el fin de que los nietos entiendan a sus padres a través de ellos (según la edad, las situaciones de tensión, las dudas y los temores).

Los padres, a su vez, abrirán nuevos caminos. Además, la ayuda de los abuelos se puede convertir en un factor de serenidad y reflexión a la hora de valorar y ponderar conjuntamente las novedades educativas con el fin de que no incidan de manera negativa en las decisiones como padres.

La ternura y la posibilidad de actuar con más flexibilidad otorga a los abuelos un valor necesario, que para los padres se convierte en una ayuda no exenta de respeto que permite recuperar la calma y la seguridad, siempre que no se viva como una actitud de desconfianza hacia la función parental o como un reproche. Las comparaciones, en todos los casos, serán odiosas e inadecuadas. Y frases o mensajes del siguiente tipo: «Yo hacía», «Esto no se hace», «No debes», «Esto perjudica» no tienen lugar en esta relación de apoyo y de construcción de esta nueva etapa de la vida familiar.

Para obtener una visión global que permita una mayor comprensión, proponemos considerar cada etapa de la vida del nieto desde tres puntos de vista que serán claves y que podrán facilitar las relaciones y valorar el papel que ejercen los abuelos:

- Las características propias de cada edad y las necesidades psicológicas y de cuidado de los nietos.
- La posible manera de responder a las demandas de los padres.
- Fundamentalmente, el modo de relacionarse y de convivir con los nietos, según la educación recibida, las experiencias vividas, las oportunidades, la propia

sensibilidad personal y el modelo de vida en cada momento: obligaciones profesionales, opciones personales, necesidades y oportunidades.

En principio, se concederá más importancia a las etapas de desarrollo infantil, ya que su conocimiento y comprensión serán los ejes básicos para unas buenas relaciones, así como para entender mejor las formas de relacionarse, las demandas y las satisfacciones, sin que esto genere desconfianza, competitividad entre los adultos o respuestas que no se correspondan con la edad.

El primer año de vida

El primer deseo de todos los adultos relacionados con el recién nacido es tenerlo en brazos, acunarlo, reconfortarlo con su ternura y sus caricias, mostrarle, en definitiva, la alegría que sienten con su llegada. Cualquier acto, por la carga afectiva que conlleva, será espontáneo, no programado o planificado, y tendrá un objetivo común: establecer vínculos, dar la bienvenida y darse a conocer.

La proximidad con el bebé, hablarle para que pueda identificar la voz y cantarle para que sea capaz de reconocer a la persona son estrategias naturales, intuitivas y muy positivas para crear los vínculos afectivos que se establecen desde los primeros momentos, lo que genera impaciencia en unos y otros, casi como si se tratara de asegurarse un lugar en el mundo del bebé.

En este momento, sin duda, la prioridad la tiene la madre y los vínculos maternos serán básicos para el bienestar del bebé desde los primeros días de vida. La intervención cada vez más temprana y clara del padre o de la pareja de la madre será un factor que beneficiará no solo a la madre, sino también al bebé, ya que tendrá un gran valor para la adaptación del pequeño al núcleo familiar y al mundo.

La comunicación serena con el bebé favorece un bienestar mayor. En este sentido, es importante que los consejos del pediatra se sigan con cierta flexibilidad con el fin de conseguir la adaptación tanto del bebé como de la madre a la nueva situación, a la dinámica familiar y a las condiciones ambientales en las que crecerá el pequeño.

Los padres, cuando se trata del primer hijo, muestran mayor inseguridad, dudas y temores. Los consejos que reciban podrán, de alguna manera, minimizar esta inseguridad, pero, en estos momentos, los abuelos y, de forma especial las abuelas, podrán ofrecer tranquilidad, gracias a las habilidades y a la experiencia adquiridas en el cuidado de sus propios hijos. Además, el bebé se percibe como un ser frágil, hecho que aumenta las dudas y los temores. Así, las

Los vínculos afectivos entre abuelos y nietos deben establecerse desde los primeros momentos.

situaciones adaptativas, es decir, la alimentación y el reposo serán las que se vivan con mayor presión y urgencia, por resultar decisivas para la tranquilidad y el bienestar del bebé. Por otro lado, la frecuencia con que deben resolverse estas situaciones, los cambios constantes que tienen lugar durante el primer año y sus repercusiones en la salud y el desarrollo condicionan el descanso de unos y otros, aunque la salud sea buena. Si se añaden situaciones de mayor fragilidad debido a la intolerancia, la dificultad adaptativa o la enfermedad, la inseguridad y los temores aumentan de manera considerable por no saber cómo calmar el malestar del bebé o no poder comprender qué demanda. A la responsabilidad de cuidar al bebé se une el cansancio físico de los padres al tener que satisfacer las constantes demandas, lo que acaba provocando un estado de tensión psicológica por falta de descanso y sueño, que algunas veces dificulta poder dar la respuesta de forma eficaz.

Por ello, se busca la manera «óptima» o modélica para resolver las diferentes situaciones cotidianas. Se pide consejo, se pregunta y se buscan formulas mágicas con la convicción de que existe una «buena manera» de actuar ante las demandas y las situaciones cotidianas. Todo ello, por otra parte, no permite crear un patrón en las respuestas o estrategias parentales, debido a la brevedad de las situaciones, la rapidez de los cambios y la escasa adaptación a cada situación, con lo que ninguna de las que les han sugerido se adapta, satisface o calma la inquietud de los padres o del bebé, lo que conlleva que se pruebe todo y que se desoriente más a unos y a otros.

El rápido desarrollo del bebé, su mayor fortaleza física, su deseo de explorar y de descubrir objetos y espacios, la comunicación en un primer momento con la mirada, la respuesta a las palabras de los adultos, el balbuceo y las nuevas formas de manifestar sus deseos, así como el cambio en su alimentación, continúan influyendo en la estabilidad familiar, la organización de tiempos y espacios y las dificultades y temores de los adultos.

Factores como el lugar de residencia, las personas que viven en la unidad familiar, la edad de la madre, la salud o su carencia en las personas adultas y las exigencias laborales, entre otras muchas cosas, ejercerán su influencia tanto en la estabilidad como en las relaciones que se establecen entre el bebé y las personas de su entorno. Tener o no hermanos mayores es otro factor que debe tenerse en cuenta, ya que va a implicar distintas respuestas. Se abren, pues, grandes oportunidades para participar de este proceso, que resulta extenuante en su día a día, pero que implica un gran número de satisfacciones si se lleva a cabo de forma positiva.

Abuelos: un apoyo a los padres

La ayuda que podrán recibir los padres en este momento tendrá un gran valor funcional, pero, sin embargo, será mucho más importante el vínculo afectivo que se establece entre los adultos y, lógicamente, entre los abuelos y los pequeños. La ternura con que se recibe al bebé enriquece las relaciones familiares y repercute de manera positiva en todas las personas, suavizando actitudes, disminuyendo las tensiones relacionadas con otros momentos vividos en el pasado y abriendo una nueva etapa para todos.

En el caso de que las relaciones previas hayan sido complicadas, difíciles o incluso conflictivas, la llegada del bebé posibilita que se suavicen e inicien un periodo más positivo, ya que su cuidado y desarrollo requiere la colaboración más o menos constante, así como la presencia de cada una de las personas de la familia. Por este motivo, el bebé ejerce un efecto muy positivo en toda la unidad familiar, al mismo tiempo que a la hora de definir el lugar que van a ocupar los adultos, los padres y los abuelos en estas relaciones.

La llegada del bebé permite a los abuelos revivir el nacimiento de sus hijos y reinterpretar la relación actual al ver cómo estos asumen su nuevo papel de padres; al mismo tiempo, se abre una nueva etapa de su vida en la que tendrán diferentes oportunida-

El apoyo que pueden ofrecer los abuelos durante los primeros meses de vida de un bebé supone una gran ayuda para los padres.

des de relacionarse a través de los nietos. Nadie sustituye a nadie, excepto en los casos en los que los padres no puedan cumplir con su cometido, por lo que será fundamental no confundir al bebé acerca del papel que tiene cada una de las generaciones y, lógicamente, también cada una de las personas.

La influencia de los abuelos y su apoyo físico o afectivo resulta, pues, muy importante, ya que todas las personas tendrán, en el mundo del bebé un significado e importancia, sea cual sea la frecuencia con la que se vean, la distancia geográfica, el momento profesional que vivan o la convivencia en la misma vivienda.

Aparece, pues, una nueva situación que debe considerarse. ¿Qué espacio otorgan los padres y las madres a los abuelos, especialmente en esta primera etapa? ¿Cuánto van a implicarse los abuelos en la crianza y la educación del bebé? ¿Qué obligaciones y oportunidades tienen? Si viven en el mismo lugar, ¿cuál será la dedicación de cada persona y el apoyo de los abuelos a los padres en el del cuidado cotidiano? ¿De qué recursos disponen para esta ayuda?

Poco a poco, se irá determinando el papel de cada persona y, al mismo tiempo, la diferente respuesta, considerando las ayudas puntuales en momentos de necesidad o las ayudas más frecuentes, en función de las circunstancias vitales de unos y otros. La presencia y la mirada más calmada de la abuela o del abuelo favorecen, sin duda, la distancia emocional necesaria para poder ofrecer una respuesta tranquila y serena, que repercutirá directamente en el bebé. Esta serenidad de los abuelos supone la tranquilidad de los padres y les permite constatar que muchas de las situaciones se resuelven con calma.

Es preferible ofrecer los consejos y la ayuda con acciones y palabras tranquilizadoras: «A menudo a los bebés les gusta...», «Puede aprender maneras de calmarse», «Puedes descansar, que ya lo hago yo, porque tengo más tiempo» serían formas muy adecuadas y positivas de colaborar en estos momentos, ya que los bebés en muchos casos pueden tener dificultades para conciliar el sueño y una respuesta más relajada será satisfactoria para todos sin que esto sirva para poner en evidencia las incompetencias de alguien.

El papel que juegan los abuelos es, sin duda, un elemento muy positivo para comprender el proceso de la vida, la historia familiar y las experiencias vividas en los diferentes momentos. Asimismo, se inicia un camino de colaboración que permite compartir emociones, afectos y acciones sin pensar solo en el apoyo a los hijos, sino también en cómo poder construir y reforzar los vínculos con los nietos.

Los abuelos pueden proporcionar a los padres momentos de relajación y descanso en los ratos en los que se hacen cargo de los más pequeños.

Relación entre los abuelos y los nietos durante el primer año de vida

El apoyo que ofrezcan los abuelos en esta etapa está directamente relacionado con las necesidades de los padres y la disponibilidad de los abuelos. Como ya se ha mencionado, durante los primeros meses de vida del bebé, las acciones más importantes se centrarán en la conciliación del sueño, episodios de posible malestar puntual, dificultades para relajarse y en la ingesta, los cólicos y otras causas vinculadas a las reacciones a las vacunas, los resfriados o la dentición. Por ello, la ayuda de los abuelos será un apoyo tanto para el bebé como para el descanso de los padres y, en particular, de la madre. Asimismo, los paseos constituirán estrategias favorecedoras para resolver estas necesidades y crear espacios más amplios. Este tipo de estrategias de apoyo para la adaptación de los padres son muy breves, ya que el tiempo de vigilia del bebé va a aumentar, con lo que será preciso prestarle mayor atención. Cantarle, acunarlo, mostrarle objetos, hablarle y acercarlo a los espacios donde se desarrolla la vida cotidiana serán acciones muy positivas para toda la familia y requerirán mayor presencia de personas y, si se gestionan de forma adecuada, reducirán las dudas y temores y serán fuente de satisfacción, porque tendrán la respuesta inmediata del bebé, que irá despertando y respondiendo con placer a estos estímulos, con lo que disminuirá también la sensación de cansancio.

El bebé debe estar presente en el seno familiar. Debe oír, ver, tener objetos a su alcance para que pueda moverse y desarrollar distintas habilidades. Las palabras dirigidas a él, los momentos en que pueda oír canciones, el paseo y acompañar a los adultos en las actividades domésticas son oportunidades que le permitirán ir captando informaciones que serán fundamentales para su desarrollo. Lógicamente, hacer partícipe al bebé requerirá mayor dedicación y un tiempo del que no siempre se dispone. En este

sentido, el apoyo de los abuelos favorece que, entre unos y otros, el bebé reciba toda esta estimulación y no permanezca solo en casa, en su habitación o que duerma más de lo necesario. Asimismo, cabe considerar, en este proceso de compañía y ayuda, la circunstancia de que el bebé no sea el primer hijo de la pareja. La presencia de hermanos y hermanas tendrá una importancia muy relevante para el bebé, porque constituyen el eje de relaciones más igualitarias, y su influencia en el proceso de maduración, de comprensión del mundo y de socialización no puede igualarse al papel que tienen las personas adultas. También es cierto que esta circunstancia precisará una mejor organización y más ayuda a fin de que los hermanos no vivan este momento como una pérdida de la dedicación de los padres o de su lugar, sino como un proceso de cambio y de readaptación familiar.

Los vínculos que se establecen entre hermanos, aunque no están exentos de tensiones y, en algunos momentos, pueden representar una complicación añadida en el cuidado del bebé, en función de la semejanza de edad, del lugar que se ocupa en la familia, del grado de autonomía que tengan los hermanos mayores y del proceso de socialización que hayan iniciado, tienen una fuerza extraordinaria y constituyen un punto de referencia que se debe potenciar porque será de gran valor a lo largo de toda la vida.

Por tanto, esta adaptación mutua debe guiarse, al mismo tiempo que es importante concederse el tiempo necesario para comprender y asumir los cambios que comporta la llegada del bebé. La colaboración de los abuelos para acompañar a los hermanos y su mayor serenidad podrán abrir estos espacios positivos con complicidades y flexibilidad sin que sean los padres quienes muestren contradicciones en sus propósitos educativos. Este espacio de participación positiva de los abuelos deberá evitar comparaciones, olvidos o distancias ante las reacciones infantiles de desconcierto o desagrado.

Su comprensión, dedicación y organización de actividades adecuadas, así como el afecto y las oportunidades que brinden, podrán mejorar la adaptación de todos, del mismo modo que permitirán la comprensión de las necesidades del bebé, reducir el cansancio de los padres y tener la certidumbre de que no se pierden espacios de protagonismo, sino que se amplían las oportunidades.

Cuando la primera adaptación parece haberse resuelto, los cambios en el cuidado del bebé, así como su mayor competencia comunicadora, hacen que reaparezcan dudas e inquietudes. El bebé ya muestra su disconformidad. Los cambios en la dieta, la dificultad en la aceptación del cambio del pecho materno o del biberón a la cuchara, el deseo de descubrir de forma autónoma el espacio y de tocarlo todo requieren una atención más constante, más tiempo y una forma de gestionar estos aprendizajes, teniendo en cuenta que el bebé participa de manera activa en el proceso educativo, y que las actitudes y las formas de relacionarse de los adultos influirán en las actitudes y las respuestas del bebé, que son temidas y vividas con inquietud por parte de los padres.

La primera percepción negativa reside en los riesgos asociados a estos cambios, ya sea de desnutrición o de enfermedad. Una vez se valora que no existe peligro, aparece una actitud de enfrentamiento y de rechazo por parte del bebé frente a las exigencias de los adultos, y especialmente de la madre, lo que puede provocar un primer alejamiento, además de inquietud y dificultad para aceptar estas reacciones del bebé, aunque sean lógicas y deban comprenderse y aceptarse para poder gestionarlas como un proceso que se inicia con pequeños cambios y que paulatinamente irá despertando deseos. La previsión de estas dificultades y la valoración de su lógica podrán ser gestionadas de manera muy positiva con la ayuda de los abuelos y de otras personas. Experimentar nuevos sabores y texturas, aprender a masticar y a deglutir, descubrir las diferencias entre lo conocido y lo desconocido y agarrar las cosas con las manos son oportunidades muy importantes para tener una dieta equilibrada, un conocimiento de lo que rodea al niño y una puerta a la socialización en el seno de la familia y en la escuela. Para que el bebé lo pueda vivir con tranquilidad y llegue a descubrirlo y a asumirlo como un placer será importante que intervengan diferentes personas en distintos momentos y circunstancias, lo que favorecerá su comprensión y ofrecerá la oportunidad a las personas adultas de actuar de formas diferentes, aunque en la misma dirección.

Se trata de un proceso educativo mediante el cual se descubre el entorno y lo que comporta el hecho de comer, como momento social que implica convivir y compartir no solo para saciar el hambre, sino también para despertar el apetito. Será fundamental crear un ambiente positivo, dedicar el tiempo necesario, afrontar y aceptar con serenidad la posibilidad de rechazo, no interpretarlo como intencional y tener la respuesta que permita la adaptación paulatina y la comprensión por parte del bebé. Y los abuelos pueden ejercer un papel importante, ya que es preciso tiempo y tranquilidad para que la experiencia no se viva con tensión a fin de evitar que se produzca, como respuesta, un mayor rechazo del bebé.

El bebé adquiere autonomía. De 1 a 3 años

Esta etapa de la vida del bebé es muy importante para el proceso de socialización, de desarrollo de las competencias comunicativas y de adquisición de autonomía en diferentes aspectos, básicamente la alimentación, el sueño y el desplazamiento. Por su complejidad y rapidez en los cambios, a menudo se suelen malinterpretar las conductas infantiles y las reacciones de los niños ante las demandas de los adultos.

Con el desplazamiento, el bebé tiene la oportunidad de ser mucho más independiente de los adultos y de acceder a muchos estímulos que le llaman la atención. Esto le abre un mundo de posibilidades para explorar su mundo familiar, lleno de oportunidades y de estímulos, pero también de riesgos y de negativas. Las ansias de crecer y despertar le hacen vulnerable porque, por su corta edad, no domina el cuerpo ni tiene conciencia de lo que aún es incapaz de realizar aunque lo desee. Para la familia, esta etapa exige gran dedicación para controlar el entorno y evitar riesgos que puedan comprometer la seguridad del bebé. Aparecen las prohibiciones, los enfados, la reacción de desacuerdo de los adultos ante las respuestas infantiles, las rabietas ante las negativas de los adultos y, a su vez, la posibilidad de negarse a obedecer, no porque no comprendan el mensaje, sino por actitud y rechazo.

Antes de que un niño aprenda a hablar, es capaz de establecer una comunicación con los adultos mediante gestos, risas o lloros.

Las palabras de los adultos, dependiendo de la situación y del tono con que se digan, tienen significados muy claros; por tanto, el bebé descubre la posibilidad de oponerse, de mostrar su voluntad y de reaccionar con lloros, gritos o simplemente no realizando lo que se le pide. Estas reacciones tienen un efecto inmediato y provocan actitudes y respuestas en los adultos. Se ha iniciado con éxito la comunicación entre el bebé y el entorno a nivel gestual, actitudinal y, aunque en menor medida, verbal. Asimismo, las competencias comunicativas se desarrollarán con rapidez.

Aunque el bebé no se exprese o lo haga con un número limitado de palabras, también ha aprendido a comunicarse, a responder a las demandas de los adultos y a pedir: solicita objetos con una sola palabra (palabra-frase), descubre el significado de los términos SÍ y NO, muestra con lenguaje gestual lo que desea o gira la cabeza cuando no quiere; por tanto, tiene la oportunidad de mostrar su acuerdo o desacuerdo ante lo que se le demanda, y este aprendizaje debe ser interpretado por las personas adultas como su forma de comunicarse. Del mismo modo, los lloros y las protestas manifiestan su dificultad a la hora de aceptar la frustración y la contrariedad, e incluso con su demanda intenta forzar otra respuesta más satisfactoria.

La rápida adquisición del lenguaje verbal permite mejorar la comunicación, lo que no siempre tiene repercusión en la respuesta del bebé frente a lo que se le pide, porque no se trata de comprender, sino de aceptar, y se constata que el bebé, aunque no se exprese correctamente, comprende lo que se le plantea y, a medida que aumenta su vocabulario, podrá expresar deseos, manifestar verbalmente su oposición y mejorar la comunicación.

De ahí la necesidad de que los adultos vivan esta etapa no como una provocación, sino como un proceso necesario. No se puede ver al bebé como una persona adulta que observa, provoca o planifica, sino que se debe comprender que esta etapa es clave para entender las demandas, por lo que debe probar todas las posibilidades que están a su alcance y, a su vez, tiene todo el derecho a mostrar su desacuerdo porque los deseos son imperativos. El hecho de recibir explicaciones sobre la conveniencia de una situación o que se le niegue una demanda no implica satisfacción y convencimiento.

El aprendizaje de aceptar lo que se le pide y explica será posible a partir de la estabilidad emocional de los adultos y de la perseverancia y la coherencia en las respuestas y en los recursos para ofrecer otras alternativas, lo que repercutirá de manera beneficiosa en la estabilidad emocional, el bienestar y seguridad del bebé. Si la situación es agradable y se acepta, el ambiente será más plácido, pero no por ello se tiene que dar por sentado que siempre será así.

Abuelos: un apoyo a los padres

Esta nueva etapa, en la que, de forma mucho más evidente, se inicia el proceso educativo y de regulación es importante para establecer un buen entendimiento entre padres y abuelos. Ya se ha superado la etapa de temor de los primeros cuidados. El bebé también ha madurado y se comporta de manera diferente con los padres y con los abuelos. ¡Con qué rapidez ha advertido el distinto papel de unos y otros! Entonces, ¿cómo se debe planificar el papel de cada generación? ¿Cómo evitar sentirse desautorizados? ¿Qué repercusión tendrá para la educación del bebé?

El papel de los padres y de los abuelos puede y debe ser totalmente distinto. La comprensión de esta diferencia por parte de los adultos es importante para evitar competitividades, desavenencias e incluso culpabilidades, al interpretar que se debe a las conductas o a las rabietas de los nietos.

¿Cómo gestionar la educación? ¿Cómo responder frente a las demandas del bebé? ¿Dónde encontrar el tiempo necesario? Y, sobre todo, ¿la respuesta es única? ¿Los abuelos también deben decir que no? ¿Cómo afrontar la tensión?

La diferente autoridad de los padres y de los abuelos

El momento para iniciar el debate educativo y establecer los papeles que ejercerán los padres y los abuelos ya no puede esperar. Hay que explicitar y consensuar una línea de actuación diferente, según el papel de cada persona, que permita responder las preguntas anteriores, con tranquilidad por parte de toda la familia, y mostrar a los pequeños, desde un principio, el papel diferente de los padres y los abuelos.

No se trata de iniciar un debate profundo y complejo que requiera muchas discusiones, sino tan solo saber que hay un acuerdo explícito o implícito en la forma de responder a las situaciones o las demandas infantiles, en los aspectos prioritarios, en lo que se acepta y en lo que se desea para favorecer la comprensión de las demandas de unos y otros y evitar desconciertos entre los adultos y, por tanto, entre los nietos.

El papel y la responsabilidad educativa de los adultos implica tener autoridad para guiar a los pequeños y responder a sus necesidades de salud, socialización y de convivencia. Este papel es el que deben ejercer los padres y se debe vivir de forma positiva y como actitud responsable para poder llevar a cabo el rol que les corresponde. El ejercicio de esta autoridad exige unas relaciones afectivas que permitan comprender las dificultades infantiles, y comporta:

- información, que se puede obtener a partir de la propia experiencia con los intercambios con el pediatra, la escuela y otros profesionales;
- seguridad de cómo llevar a cabo las propuestas;
- estabilidad para responder a las necesidades educativas y evitar riesgos;
- perseverancia para mantener las demandas;
- flexibilidad para poder valorar las situaciones excepcionales.

Por su parte, los abuelos deben evitar entrar en contradicción con los criterios establecidos por los padres en sus decisiones educativas. Debido a su menor protagonismo deben fortalecer los criterios parentales, aunque las posibilidades de flexibilizar las respuestas sean mayores. La autoridad de los abuelos se situará más en el plano del acompañamiento a los padres. Así, podrán responder por su propia experiencia. Ocuparán un lugar en la familia, pero no tendrán la misma exigencia y obligación que los padres.

Esto no comporta desautorizar, banalizar los criterios ni contradecirlos, sino que, por las circunstancias y las oportunidades de intervención, las respuestas podrán ser menos sistemáticas, valorando la excepcionalidad de la situación y favoreciendo que los nietos comprendan la necesidad de actuar como esperan los padres.

Para que las relaciones sean fluidas, es preciso tener en cuenta los siguientes puntos:

- Es responsabilidad de los padres decidir las pautas educativas y las normas adecuadas a la edad, así como la manera de organizar el día a día.

- Los abuelos en ningún caso desautorizarán a los padres. Podrán comentar las discrepancias o las diferentes maneras de ver las situaciones, pero no delante de los pequeños.

- Los padres no deberán interpretar esta distinta respuesta de los abuelos como una desautorización. Tampoco responderán de manera diferente a las demandas infantiles o modificarán sus propios principios para hacer lo que han hecho los abuelos. La respuesta será igualmente clara: «Los abuelos actúan de otra manera», ni mejor ni peor, sino diferente.

- Es preciso comprender que las presiones infantiles no van encaminadas a lograr la modificación de las normas, sino a pedir para satisfacer sus deseos.

- La necesidad infantil de comprender por qué es diferente la respuesta de los padres y la de los abuelos comportará una etapa de preguntas insistentes y también preguntarán para establecer comparaciones con otros grupos familiares. Los argumentos serán claros: «Los abuelos lo quieren hacer así»; «Te han querido hacer este regalo», «Te ven poco y les gusta hacer estas cosas», u otras razones simples y sin cambios en la medida de lo posible.

- En el caso de que los abuelos visiten a los nietos con mayor frecuencia, la situación será parecida.

- En el momento en que el cuidado de los niños esté a cargo de los abuelos, estos podrán actuar de la forma que consideren más adecuada, con lo que son posibles tres situaciones diferentes:
  - seguir las pautas planteadas por los padres, con lo que los pequeños no verán la diferencia entre unos y otros;
  - intentar ajustar las respuestas o acciones a los criterios de los padres para evitar poner en riesgo la salud, el bienestar y las pautas educativas familiares y escolares;
  - tomar otras decisiones (será importante que los niños sepan que «Los abuelos actúan de manera diferente»), que en ningún caso deben compensar las de los padres. Esta diferencia se puede comprender en cuanto que también existen diversas situaciones entre la familia y la escuela o entre la familia y otros grupos sociales.

- Finalmente, es importante considerar en qué medida los abuelos pueden asumir la oposición o las dificultades que tengan lugar con el cuidado de los pequeños, ya que, a menudo, el cansancio puede ser una dificultad añadida. En este caso, es importante evitar situaciones más complejas. Se debería buscar la ayuda necesaria para poder asumirlas y, en la medida de lo posible, la implicación de los pequeños.

Relación entre los abuelos y los nietos cuando el niño tiene de 1 a 3 años

Esta etapa posee gran interés para los abuelos. La inocencia del bebé y su rápido desarrollo favorecen el deseo de descubrir los avances, las reacciones y potenciar las respuestas ante los mimos y el cuidado de le ofrecen. Este deseo de relación también tiene una respuesta clara por parte del bebé, que comprende la complicidad de los abuelos. Las miradas, los gestos y las expectativas crean un clima del que, en muchos momentos, los padres se sienten apartados. Esta no es la intención de los pequeños ni tampoco de los abuelos, sino la consecuencia de los diferentes papeles y del deseo de crear un espacio propio que refuerce los vínculos y permita, a lo largo de los años, estrechar sus relaciones con unos referentes muy especiales. A mayor demanda de atención por parte de los pequeños, mayor respuesta de los abuelos. Pero, ¿cómo siendo tan pequeños han captado las actitudes diferentes y el distinto papel que juegan los padres y los abuelos? Los pequeños captan el tono, la perseverancia, la paciencia y mayor estabilidad de los abuelos, y, como consecuencia natural, aparece una respuesta más lúdica que permite, en muchos momentos, suavizar la tensión familiar, resolver situaciones con cierta flexibilidad y liberar a los padres de ceder o de contradecirse. Se trata de una de las grandes aportaciones de los abuelos a esta edad.

Los abuelos, en la medida de lo posible, podrán llevar a cabo unas actividades muy positivas con los pequeños, que liberarán a los padres para que puedan desempeñar sus obligaciones profesionales o domésticas. Para pasear, jugar, contar cuentos, buscar espacios carentes de riesgos para que los nietos puedan relacionarse con otros pequeños, observar la naturaleza y los cambios en las plantas y descubrir posibilidades que no se encuentran en el espacio familiar, se necesita dedicación y tiempo. Además, gracias a ello, estas actividades se podrán desempeñar de manera positiva, lo que permite que el bebé se distraiga, se canse y amplíe sus experiencias y después pueda descansar y afrontar mejor las exigencias que le propongan.

Otro de los ámbitos en el que los abuelos podrán tener gran protagonismo es en las situaciones cotidianas: comer, dormir, aseo. Estos aprendizajes exigen gran dedicación debido a los cambios y a las novedades implícitos, así como a la exigencia que comporta la edad, muy diferente de la etapa anterior; a la necesidad de la participación del bebé en la resolución más autónoma y al condicionante del tiempo en la vida cotidiana. Si se realizan de forma agradable favorecerán, en gran medida, la comunicación familiar, pero de la misma manera, si existen dificultades, condicionarán el clima de unos y otros, lo que a menudo repercute en propuestas, por parte de los adultos, poco adecuadas para evitar problemas: escasos cambios en los menús, purés o papillas, uso prolongado del biberón, uso de juguetes durante la comida o perpetuar la ayuda en momentos en los que el bebé ya debe participar activamente en la ingesta de alimentos.

La ayuda de los abuelos en este ámbito es realmente relevante. Permitir que el bebé colabore en la

Abuelos y nietos pueden participar conjuntamente en actividades de ocio que resultan positivas, especialmente para los más pequeños.

preparación de la comida, comprar algunos ingredientes, ofrecer opciones para buscar el alimento que más le llame la atención o sugerir ideas o juegos-trampa para esconder el producto menos deseado, pero que puede incluirse, dosificar, mezclar… serán estrategias de acomodación y acercamiento a la conducta deseada. Esta participación favorece que el bebé no sienta la presión o la impaciencia que en algunos momentos pueda producirse, al mismo tiempo que permite que la experimentación sea paulatina y más deseada. Pero, para ello, se precisa tiempo, serenidad y menor tensión, aspectos que los padres no siempre pueden garantizar debido a las exigencias domésticas y profesionales.

Otra de las situaciones complejas de esta etapa es el momento de conciliar el sueño. El cansancio, a veces la dificultad para relajarse, el aprendizaje de dormir en la cuna o la oscuridad son factores que en algunos momentos pueden implicar dificultades. Los abuelos nuevamente pueden ejercer un papel relevante. Los cuentos, los rituales en el momento de dormir, unos instantes de compañía y la tranquilidad con la que pueden afrontar esta situación favorece que el bebé viva esta separación de una manera más fácil.

Como ya se ha comentado, esta etapa es muy exigente y los bebés requieren mucha dedicación. Por este motivo, compartir estos momentos favorece que se vayan estructurando los tiempos, las demandas y el abanico de respuestas de forma positiva para todos. Las demandas lógicas de los padres se deben ver como el referente que se debe alcanzar, lo que se espera que aprendan, y los abuelos abren formas y caminos para lograrlo. Con esta diferenciación se inician las complicidades entre abuelos y nietos y los vínculos con los abuelos. El comportamiento de los bebés es muy diferente del que tienen con los padres. Asimismo, debería valorarse el hecho de que los abuelos «saben hacer tonterías» con los nietos y que se comportan como nunca lo habían hecho con sus propios hijos. ¡Qué situación más positiva tanto para los abuelos como para los nietos! Nunca se les debería reprochar eso.

La infancia de 3 a 6 años. Los niños aprenden, hablan y razonan

Esta fase del desarrollo infantil supone, en buena parte, la continuación de la etapa anterior, si bien representa un cambio cualitativo muy importante. En este sentido, el pequeño deja de ser un bebé para considerarse un niño.

A partir de los 3 años, el desarrollo infantil sufre un cambio cualitativo que se refleja en una comunicación más fluida.

Los grandes cambios se centran en una mayor capacidad para expresarse por medio del lenguaje, lo que le permite una comunicación mucho más fluida en cuanto a comprensión, vocabulario y estructura del discurso, hecho que posibilita un mayor entendimiento del entorno familiar y social, la entrada en la institución educativa, un aumento de las competencias para relacionarse con los adultos y con los niños, la adquisición de conocimientos y una mayor capacidad para responder a las demandas de los adultos.

Es la etapa del por qué. Se manifiesta la necesidad de comprender el motivo y el funcionamiento de lo que ocurre a su alrededor. Además, existe una mayor conciencia de las propias posibilidades y de que sus deseos en muchos momentos entran en contradicción con las demandas de los adultos.

El mundo tiene un funcionamiento y, por tanto, hay unas pautas que se deben aprender: ir a una hora determinada a la escuela, detenerse ante un semáforo en rojo, sentarse a la mesa, pedir lo que se quiere y esperar, entre otras muchas cosas. Al comprender que todas las personas se someten a este funcionamiento se puede entender también que los adultos juegan un papel relevante en su vida y que le ayudan a descubrir que cuando le piden algo tiene un objetivo que comporta un bienestar mayor: «Debes irte a dormir para poder jugar mejor»; «Debes comer de todo para tener una buena salud, como nos ha dicho el pediatra», o simplemente se trata de unas pautas organizativas familiares que pueden ser diferentes de otras familias porque «en casa nos gusta y estamos mejor así».

De manera paralela a este aprendizaje también se despierta la conciencia de individualidad, por lo que del mismo modo que se pueden asumir todas estas pautas, puede existir una oposición a lo que los adultos exigen. Si antes las palabras SÍ y NO se hallaban en el centro de las respuestas infantiles y mostraban su dificultad para aceptar la propuesta de los adultos, ahora la palabra YO es el símbolo del posicionamiento del niño, que le permite poderse identificar e individualizar frente a los adultos, y, por tanto, responder, reaccionar, asumir o enfrentarse a las diferentes demandas para poder mostrar su lugar y exigir su espacio. La necesidad de mostrar sus dificultades ante frustraciones, sus emociones ante las dificultades y poder demandar cosas diferentes, manifestar sus deseos y verbalizar su desacuerdo es una exigencia del crecimiento. Esta etapa, llamada de *autoafirmación*, debe ser vivida por los adultos con el mínimo de tensiones posibles y con la máxima ternura para favorecer el desarrollo y la comprensión del papel de los adultos que ejercen su autoridad por el conocimiento que tienen, porque son garantes de su educación y de su seguridad y un referente de aprendizaje y, al mismo tiempo, lo quieren y le muestran su afecto y su comprensión ante las dificultades que se presentan.

Por tanto, las situaciones de oposición y de protesta son lógicas: en el momento de plenitud del juego debe cenar y cuando hacen un programa por la televisión es hora del baño y la cena. Irse a dormir y aceptar la oscuridad es un aprendizaje que no siempre se acepta con gusto y, aunque ya se había iniciado en la etapa anterior, en este momento se revive con mayor intensidad y se complica con la comprensión de los riesgos de la separación y las posibilidades de abandono, de pérdida o de cambio.

Paralelamente a esta toma de conciencia, aparecen otras exigencias por parte de los padres, como la necesidad de aprender conductas autónomas. Vestirse, el control de los esfínteres, la ingesta de alimentos de acuerdo con el menú familiar y con una dieta variada, dejar de usar útiles propios de los bebés (chupete, cochecito), participar en el funcionamiento familiar, ordenar los juguetes, iniciar las responsabilidades en pequeñas tareas domésticas básicas y resolver necesidades personales como en el baño o llevar materiales escolares son algunas de las exigencias de esta edad.

Muchas serán las situaciones cotidianas en las que se produzcan respuestas de oposición, y los adultos deberán buscar la forma de que se resuelvan sin intervenir directamente: vestirse, comer lo que se ha cocinado, guardar los juguetes, entre otras cosas, momentos de tensión a menudo breves, en los que la resolución estará muy determinada por la respuesta de los adultos. Todas estas situaciones, frustrantes unas y muy satisfactorias las otras, forman parte del proceso de desarrollo y abren las puertas a la comprensión de la familia y la sociedad y, por tanto, constituyen la base de un aprendizaje que modela las emociones y los recursos personales para poder responder a las exigencias que aparecerán en la escuela.

El deseo de jugar con algún objeto que está en manos de otro niño, la separación de los padres, la aceptación del profesorado, las exigencias y los aprendizajes se vivirán sin problemas si en el contexto familiar se potencia la madurez y se favorece la autonomía necesaria para poder adaptarse. Se trata, pues, de una etapa compleja para los niños y que requiere la comprensión de los adultos, así como un liderazgo sereno, afable, afectuoso y, en la medida de lo posible, estable en las demandas y las respuestas. Por este motivo, esta etapa, aunque muy diferente de las anteriores debido a la mayor participación del niño, conlleva la dificultad y el cansancio del debate entre evitar más tensiones y resolver las situaciones, porque «aún son pequeños» o ser constantes en las exigencias de autonomía y asumir las consecuencias de las respuestas infantiles cuando, además, en muchos casos hay más de un hijo que está en esta etapa de la primera infancia.

Abuelos: un apoyo a los padres

Como ya se ha comentado al hablar de la etapa anterior, los abuelos tienen el papel muy claro de ser catalizadores de tensiones y un bálsamo para los dos grupos, lo que debe ser comprendido, aceptado y deseado por los padres.

En el momento en que los abuelos intervienen de forma puntual, muchas de estas situaciones adoptan un cariz más lúdico para los nietos y pueden ser un momento para mostrar lo que saben hacer o para que los abuelos los ayuden y evitar de forma excepcional que los padres tengan que intervenir. Aquí radica la diferencia y el valor de esta doble vertiente y esta doble relación que los adultos deben comprender y asumir. Cualquier comentario infantil que compare esta doble actuación y, sobre todo, solicite de los padres menos exigencia no tiene que provocar reacciones de desprestigio o de desautorización. Asimismo, debe explicarse el diferente papel que juegan unos y otros para evitar la confusión que se genera en el caso de establecer una competición de «buenas personas»; además, no se debe entrar en contradicción con los niveles de exigencia para evitar que los pequeños consideren a los padres más exigentes que a los abuelos, sino que se debe proseguir con las responsabilidades que les corresponde como padres para que los hijos puedan disfrutar de la estabilidad que les ofrecen sus progenitores. De nuevo adquiere fuerza el comentario bastante frecuente de los

Las relaciones entre los abuelos y los nietos se intensifican entre los 3 y los 6 años gracias a la comunicación que se establece entre ambas partes.

padres, quienes no llegan a comprender cómo sus progenitores, los abuelos, «fueron tan exigentes con ellos» y ahora son tan permisivos. La base de la cuestión y, por tanto, la respuesta está clara: porque antes eran padres y ahora son abuelos y posiblemente sería aconsejable que los mismos padres recordaran cuál fue su relación con sus propios abuelos, ya que seguramente encontrarían respuestas a estas situaciones.

Si los abuelos ayudan de manera continua constituirán un recurso para actuar como puente entre la exigencia de los padres y la suya, en el sentido de ser más flexibles, pero posibilitando que los nietos no aprovechen este apoyo para no avanzar en su proceso de madurez. Por la edad, también es importante que los niños comiencen a participar en las situaciones en que puedan mostrar sus competencias y evitar las conductas propias de un bebé.

Relación entre los abuelos y los nietos cuando los niños tienen de 3 a 6 años

La mayor autonomía y fortaleza de los pequeños, el dominio del lenguaje, la curiosidad y la motivación para realizar cosas nuevas, así como la capacidad de comprender, participar y responder positivamente a los estímulos hace que para los abuelos sea una fuente de satisfacción y, a la vez, una etapa menos extenuante en cuanto a los cuidados básicos.

El cansancio de esta etapa está más relacionado con las demandas, el interés por ir a algún sitio, que le cuenten más historias, hacer más cosas, jugar o para responder a las múltiples demandas de los pequeños. Por este motivo, se trata de una de las edades más adecuadas para intensificar las relaciones entre nietos y abuelos y, a partir de esta comunicación y estos vínculos, se reforzarán las oportunidades de las etapas posteriores.

El reconocimiento que tienen los nietos de los abuelos está dominado por la ternura y es el momento propicio para potenciar esta mirada de respeto, de valoración y, a la vez, de menor exigencia que los padres. Por ello, es más fácil que pueda existir una respuesta positiva, porque no es con los abuelos con quien deben llevar a cabo su proceso de autoafirmación.

La imaginación es un recurso muy adecuado a esta edad. En cualquier situación, si se introducen semejanzas, en los cuentos o las historias con momentos vividos por los abuelos, con paralelismos con sus propios hijos (los padres), tienen muchas posibilidades de ser resueltas de manera favorable y de lograr una actitud positiva de los pequeños. Entre las situaciones interesantes para compartir con los nietos cabe destacar todas aquellas que forman parte del ámbito cotidiano: ir de compras al mercado, hablar con personas que preparan los productos que después se van a consumir, preparar la comida familiar, acercarse a utensilios o a actividades propios de los adultos, etcétera, ya que además de ser un momento para aprender y experimentar, pueden

Cuando los niños empiezan a tener una mayor autonomía, pueden acompañar a los abuelos a hacer pequeños recados.

hacer cosas que valoran como importantes y que les ofrece una imagen de «confianza y madurez», lo que acaba predisponiendo a actuar de forma más satisfactoria con los padres y los abuelos.

Todas estas situaciones, en la medida en que se plantean como retos en los que los nietos puedan participar, se resuelven de forma más positiva, ya que aceptan de muy buen grado el papel del adulto y necesitan ser guiados de forma afectuosa y tranquila para intervenir en las situaciones que les puedan resultar más complejas o menos agradables. Se trata de concederles un espacio de protagonismo para desarrollarse, no para continuar siendo bebés y que los padres los valoren de forma positiva, ya que pueden compararse con ellos a través de los abuelos: «¿Qué hacías cuando tenías mi edad?», «Los abuelos me han dicho que tú, un día…». Se trata de una conversación frecuente en una reunión familiar y constituye un espacio de gran interés que no se puede perder, que se debe potenciar porque forma parte de la historia familiar.

A pesar de esto, muchas serán las respuestas y las tentativas de los nietos en este proceso, ya que nada es automático y la necesidad de probar y de experimentar, así como las dificultades para asumir situaciones menos agradables estarán presentes en muchos momentos. Por ser infantiles deberán considerarse en su justa medida, y en ningún caso conducirán a debates entre los adultos sobre juicios de valor de unos y otros, sino que deberá prevalecer la comprensión de las diferentes maneras de reaccionar, el cansancio de los abuelos, la edad de los niños, lo que hacen en otros contextos o lo que superaron un día concreto, entre otras cosas. La valoración de este proceso conducirá a una mayor participación y estabilidad en el aprendizaje.

En momentos de mayor dificultad, los abuelos pueden proponer a los nietos que les expliquen lo que hacen en la escuela. Con ello, conseguirán reforzar las exigencias y las demandas parentales. El papel de los abuelos es, pues, siempre complementario y en ningún caso son los sustitutos o los responsables de la educación de los pequeños, aunque deban resolver situaciones cotidianas de manera habitual. Por tanto, pueden y deben crear momentos de calma, aunque esto implique cierta renuncia a las exigencias. Ciertamente, el aprendizaje, si existe un mayor número de situaciones flexibles, puede resultar un poco más lento, pero la menor exigencia de los abuelos puede constituir una oportunidad para avanzar en el momento en el que la demanda proviene de los padres, de la misma manera que los pequeños acaban asumiendo los conocimientos que aprenden en la escuela. Por este motivo, los padres no deben creer y esperar que los abuelos sean quienes enseñen y exijan, ni tampoco que la escasa perseverancia de los abuelos se encuentra en la base de que los hijos hagan poco caso a sus demandas o actúen con escasa autonomía a pesar de su edad.

La segunda infancia. De los 6 a los 12 años: amplia socialización y aprendizaje

A partir de los 6 años se producen diversos cambios importantes en el comportamiento de los niños. Desde el punto de vista físico, psicológico y social, se inicia una etapa que representa un cambio cualitativo en el proceso de desarrollo. A menudo se ha comentado que a los 6 años su aspecto ya no es tan infantil, sino que es de «escolar», no tanto por iniciar una etapa educativa concreta, sino por la mayor madurez en las formas de reaccionar, comportarse o comprender las normas sociales y las demandas de las personas adultas de la familia, de la escuela o de cualquier lugar público.

El paso de la etapa de la educación infantil a la educación primaria se vive no como una renuncia a unos privilegios propios de la etapa anterior, sino como un salto cualitativo hacia su propio reconocimiento («ser mayores»), del mismo modo que como un acercamiento al mundo de los adultos. Por tanto, existe una mayor conciencia en los niños y niñas de que deben «comportarse de forma adecuada», lo que da lugar a conductas de cierta madurez, a pesar de que, en el contexto familiar, todavía pueden persistir algunas demandas que podrían considerarse infantiles y fuera de lugar.

Muchos de los actos que le permitían al bebé y al niño en sus primeros años de vida, tanto en el ámbito social como familiar, dejan de ser aceptables en estos momentos y reciben una respuesta mucho más clara, contundente y poco permisiva por parte del entorno: «Ya no puedes actuar de esta manera, como si se fueras pequeño». Así, los alimentos triturados, los menús selectivos, la ayuda en la higiene y en la conciliación del sueño, por ejemplo, son situaciones que, en el caso de tener lugar, no trascienden a la escuela ni a muchas de las actividades que se realizan fuera de ella y el mensaje es más de reproche que de aceptación. La situación comporta cierta ambivalencia; por un lado, ya se han logrado unos niveles muy aceptables de buena educación, estabilidad emocional, madurez y socialización y, por otro, en el seno familiar, persisten las conductas infantiles, las peticiones inadecuadas y las actitudes poco maduras, poco apropiadas y más propias de los pequeños que todavía «no entienden». Paulatinamente se irá generalizando una manera de actuar correcta, lo que permite consolidar el proceso de «desapego» de la familia para lograr una mayor adaptación e incorporar experiencias que van a permitir mayores responsabilidades, sin riesgos excesivos, sin sobreprotección y con confianza, como base para la seguridad y la construcción de una autoimagen positiva.

A nivel psicológico también se habla de la etapa de latencia (inicialmente se relaciona con el descubrimiento del propio cuerpo y de la sexualidad), debido a la mayor estabilidad emocional, la menor insistencia en las preguntas reiterativas y, especialmente, a una mayor aceptación de las normas de funcionamiento familiar y social.

La mayor madurez cognitiva y social permite afrontar unos aprendizajes escolares que posibilitan un acceso al mundo de la cultura de forma autónoma, lo que implica el descubrimiento del valor de la información y la comprensión del mundo: aspectos científicos, culturales, de la historia de la humanidad, países y viajes son centros de gran interés, que potencian un mayor grado de madurez y acceso a los medios de información.

La mayor comprensión de los hechos permite descubrir que existen otras formas, además de las familiares, de responder a sus demandas y deseos, lo que permite una clara apertura al mundo exterior, un interés por las actividades extraescolares y los espacios de ocio con otros niños y la posibilidad de realizar actividades sin la presencia de los adultos de la familia. Sin duda, esta situación exige mayor autonomía para desplazarse, saber resolver situaciones sin ayuda de nadie y afrontar pequeños retos con tranquilidad y según el lugar de residencia. Competiciones deportivas, actividades musicales y compromisos de celebraciones son pequeñas muestras de las consecuencias de esta etapa, sin olvidar las obligaciones escolares, lo que, lógicamente, también exige de los adultos otro tipo de dependencia en cuanto a cuestiones relacionadas con el transporte y los horarios.

Se trata, pues, de una etapa de continuidad y ampliación en relación con la anterior, puesto que los aprendizajes y las competencias iniciales (autonomía, lenguaje, coordinación psicomotriz) han superado los hitos básicos del desarrollo. Además, con un mayor dominio de cada una de dichas competencias, será posible una mayor colaboración doméstica, autonomía en los desplazamientos habituales (compras, ir a la escuela, uso del transporte publico) y, a la vez, un aumento claro de su autonomía con respecto a las actividades escolares.

Estos cambios repercuten de manera muy positiva en las relaciones con los adultos, ya que las contradicciones de la etapa anterior dan paso a una mayor reflexión y coherencia en el análisis de las situaciones, con una actitud menos egocéntrica y más abierta a las reglas del juego social del entorno. El niño se siente en buenas manos; sabe y comprende que las demandas de los adultos tienen la finalidad de para favorecer su crecimiento, valora sus experiencias y conocimientos y eso le ayuda a preguntar, escuchar y posteriormente convertirse en portavoz de lo que le han explicado. Es el momento en que los adultos deben ser admirados para poderse abrir a la sociedad de forma plena y sin miedos, con lo que

A medida que los niños crecen, también crecen sus actividades y obligaciones escolares; los abuelos pueden colaborar acompañándolos.

aumenta el interés de relacionarse con los abuelos como fuente de conocimiento tanto de la propia historia familiar como de los cambios acaecidos a lo largo de los años vividos por ellos.

Abuelos: un apoyo a los padres

En los pequeños, el mayor número de obligaciones y oportunidades desde el punto de vista escolar, social y cultural ha dado lugar a una gran oferta de actividades extraescolares o sociales. La riqueza que comportan estas actividades constituye un factor de motivación para pequeños y grandes, al mismo tiempo que supone cierta dificultad organizativa, que en muchos casos provoca tensión. Se trata, sin duda, de una de las situaciones que los padres deben afrontar con las dificultades que suponen las obligaciones profesionales y el cuidado de otros hijos de distinta edad o la presencia de personas mayores en el hogar a quienes hay que cuidar. En este sentido, el apoyo de los abuelos se convierte en algo muy positivo para todo el grupo familiar. En algunos momentos no se trata de sustituir a los padres en el cuidado directo de los menores, sino de estar presentes y resolver algunas cuestiones domésticas mientras los padres solventan el tema del transporte. De igual manera, contar con alguien que pueda acompañar a los pequeños supone liberar a los padres de esta exigencia que implica el horario y el desplazamiento. Por tanto, se convierte en un apoyo logístico que facilita la resolución de unas necesidades organizativas que, en muchos momentos, no pueden demorarse y que inciden en la vida cotidiana.

Asimismo, en esta etapa, se debe reforzar de forma conjunta la comprensión de la evolución del mundo. Es frecuente la percepción de que las cosas siempre han sido como se ven. Esta idea acaba distorsionando la mirada a la realidad y conduce a incomprensiones entre personas, países, espacios o culturas que han tenido una evolución diferente. Los abuelos pueden explicar esta panorámica más amplia, ya que ellos han sido protagonistas de esta evolución. Con sus experiencias pueden fomentar que los niños comprendan y valoren a los adultos. Gracias a ellos, los niños pueden entender que los abuelos no son personas ignorantes, sino que son lo que son por lo que vivieron y que son fruto de una época.

Por otra parte, es importante valorar que, gracias a su trabajo y sus experiencias, han potenciado los cambios y han hecho posible el mundo actual y que muchas cosas todavía persisten porque son necesarias y ya existían cuando los abuelos eran pequeños. Este diálogo generacional servirá de apoyo a los padres y será útil para recuperar su memoria y para comprender muchos aspectos de su infancia y de la cultura que no deben perderse, ya que tienen sentido, puesto que pueden ser los garantes de este equilibrio entre los cambios y las bases de la madurez, que permiten que existan referentes.

Relación entre los abuelos y los nietos cuando los niños tienen de 6 a 12 años

La mayor madurez de esta etapa implica un cambio sustancial en la relación con los abuelos. En la etapa anterior, los niños vivían un gran número de situaciones lúdicas. Aunque en esta etapa no se han perdido por completo, se da prioridad a una relación más sólida, con una mirada más abierta al entorno y una connotación afectiva más consistente.

Los nietos abren un mundo de posibilidades y de vínculos afectivos. Con esta postura, entre distante por no precisar tanta ayuda, y próxima, para poder compartir el diálogo, el comentario de los hechos, las inquietudes y las oportunidades, cambia la perspectiva y se fortalece la satisfacción mutua.

A esta edad, y por las necesidades de desplazamiento de los nietos, será posible potenciar el aprendizaje de algunos recursos para adquirir mayor autonomía. Acompañarlos en los desplazamientos posibilitará, en la medida en que lo permitan los recursos del entorno, un acercamiento al transporte público, ya que requiere tiempo de espera, conocer un itinerario, las paradas y la compra de billetes, entre otras cosas. Esto resulta sumamente interesante y los abuelos pueden jugar un papel destacado con la doble vertiente de ser acompañantes y, al mismo tiempo, acompañados. Esta doble mirada será un punto común en toda esta etapa. Comprar, ayudar y ser ayudados o sorprenderse por los nuevos conocimientos de los nietos potenciarán el valor de lo que han aprendido en la escuela. Por su parte, los nietos verán en los abuelos a unas personas motivadas y dispuestas a escuchar sus explicaciones, a valorar sus progresos y, paralelamente, a completar las lagunas que puedan existir en su interpretación. De esta manera, el aprendizaje compartido adquiere un significado y una valoración casi simultánea a la que ofrece la escuela, que muchas veces los padres, con las urgencias cotidianas, no pueden fomentar. Podrán ser los abuelos quienes, nuevamente, soliciten más tiempo para escuchar, para sorprenderse y para que los padres refuercen con su mirada los logros infantiles, una fuente de motivación y satisfacción.

Para una vida más autónoma, los abuelos podrán hacer hincapié en las competencias de los nietos.

Los vínculos afectivos entre los abuelos y los niños se hacen más sólidos a medida que los niños crecen y maduran.

La participación a la hora de organizar el material necesario para la escuela, de buscar información y organizar y planificar las responsabilidades domésticas o colaborar en la preparación de los alimentos son aspectos importantes del día a día, que, al mismo tiempo, constituyen oportunidades para establecer este diálogo bidireccional extraordinariamente positivo tanto para abuelos como para nietos. A través de estas complicidades, los abuelos podrán seguir apoyando a los hijos y mostrar a los nietos cómo valoran a los padres; también podrán explicarles las anécdotas de cuando tenían su misma edad, así como reforzar la autonomía de los pequeños como factor de madurez, al potenciar la comprensión mutua y favorecer la participación en casa de manera más estable y de forma habitual.

La pubertad, un tiempo de espera e inquietud

La pubertad es una etapa que, con demasiada frecuencia, los adultos ignoran o minimizan. Muchas personas, incluso entre el profesorado, hablan de *adolescencia temprana*. Otros sectores denominan a esta etapa *infancia inacabada*. Lo que es cierto es que se trata de una etapa relativamente breve, muy característica y con identidad, que representa la transición entre la infancia y la adolescencia y que se vive con gran variabilidad y, por ello, con mayores dudas, desorientación y escasa comprensión.

Hacia los 10 años, los niños adquieren una mayor autonomía. En relación al transporte público, abuelos y nietos juegan un doble papel: el de acompañantes y acompañados.

La pubertad es un periodo de transición personal que implica la comprensión y asunción de que hay que abandonar la comodidad de la infancia para adquirir mayor protagonismo, responsabilidad y tener que tomar decisiones y asumir unas exigencias ante las que no se tiene la confianza de disponer de competencias y recursos. Por tanto, se vive como una etapa dominada por los temores y las inquietudes. El cambio a nivel corporal y hormonal será uno de los ejes sobre el que se va a construir esta nueva imagen, pero es también uno de los focos de temor, ya que se tiene conciencia de que existirán dificultades para manejarse en esta nueva situación. Si los cambios se retrasan, se pueden generar sentimientos de marginación respecto a sus iguales, con lo que se producen dificultades a la hora de compartir dudas y temores; si los cambios se adelantan también se generarán temores, porque no existe la posibilidad de sentir las complicidades y, además, se tiene que hacer frente a comentarios de todo tipo, tanto por parte de otros chicos de su edad, como de los adultos. En todos los casos, planea la duda del resultado final. Estos cambios en su cuerpo conllevan cambios psicológicos profundos que darán lugar a la nueva identidad. La seguridad que se tenía desaparece y las exigencias de los adultos resultan difíciles de asumir. No se puede pasar bruscamente de una etapa a otra y menos con la indefinición y la brevedad que conlleva la pubertad. Asimismo, es difícil encontrar un estatus claro que ofrezca comodidad, ya que, además, los chicos no son aceptados por los adolescentes.

La madurez que se puede exigir a esta edad está muy condicionada por las pautas educativas y la comunicación que hayan tenido lugar en la infancia. Por ello, es importante que los adultos no se distancien ni ofrezcan una imagen distorsionada de este momento y faciliten, con comprensión y afecto, el desarrollo progresivo de la autoimagen y muestren la confianza necesaria para favorecer el proceso de adaptación. La comprensión de estos temores favorecerá una actitud más adecuada por parte de los adultos, y evitará frases como: «Ahora ya eres mayor», «¿Por qué actúas así?» o, por el contrario, «¿Aún no eres capaz?», como si la madurez y la coherencia fueran cualidades que se adquieren de manera espontánea. Por todo ello es necesario que el debate educativo en el contexto familiar sea más evidente que en las etapas anteriores. A la inseguridad propia de los menores en esta etapa, no puede añadirse la desorientación de los adultos. La estabilidad de los adultos es fundamental para poder continuar el proceso de adquisición de competencias, cada vez más elaboradas, y que proporcionan mayor autonomía y mayor madurez. Además, se debe aprovechar este momento para que este proceso se produzca de forma positiva, sin acelerar comportamientos y actitudes (antes de lo aconsejable), aumentando paulatinamente las exigencias de autonomía y madurez para adaptarse a contextos más amplios y menos protectores y mantener los objetivos educativos teniendo en cuenta que la influencia de la publicidad aumentará con la adolescencia.

La ayuda que pueden ofrecer los abuelos continúa siendo fundamental en esta etapa tanto en beneficio de los menores como del equilibrio educativo en el núcleo familiar.

Abuelos: un apoyo a los padres

Esta etapa, a diferencia de la anterior, por la mayor autonomía de los nietos en los desplazamientos, en los aspectos organizativos y en las exigencias escolares, no precisa un apoyo constante para la resolución de las situaciones cotidianas, como acompañar a los niños en las actividades extraescolares, el control horario o los desplazamientos próximos al hogar. Aunque no exija gran dedicación y de manera tan regular, el apoyo que podrán recibir los padres por parte de los abuelos no será nada despreciable ni carente de interés.

Las relaciones con los abuelos entrarán dentro de un orden afectivo y personal. Como ya se ha indicado, en las etapas anteriores, los abuelos constituían el puente en las relaciones entre los padres y los hijos. A diferencia de otros momentos, ahora el apoyo será más evidente para los nietos que para los hijos, aunque esto no quiere decir que para estos últimos pase desapercibido.

En momentos de dificultad en las relaciones familiares a causa de las demandas de los hijos, o de la necesidad de una distancia emocional para superar las tensiones, el papel de los abuelos será ideal para serenar, calmar los ánimos y potenciar el diálogo.

En otros momentos pueden convertirse en la persona de confianza que, por no estar directamente relacionada en las cuestiones domésticas, puede realizar un seguimiento en momentos puntuales y en situaciones excepcionales (vacaciones, aniversarios…) o en instantes de ocio.

Del mismo modo, la participación en actividades culturales o deportivas exige un apoyo de cercanía que, por cuestiones profesionales, laborales o de atención a otros hermanos, puede representar una dificultad para los padres. En este sentido, la cooperación hace que sean necesarios.

> El papel de los abuelos puede tener, en muchos momentos, gran valor como intermediarios entre los hijos y los nietos, lo que favorece la comprensión de unos y otros con su actitud más pausada y también con su experiencia.

Relación entre los abuelos y los nietos durante la pubertad

Situaciones puntuales de exigencia profesional, además de actos sociales o culturales o de ocio, podrían resolverse con cierta comodidad debido a la mayor autonomía propia de esta edad, pero el hecho de poder ir a casa de los abuelos proporciona a los padres mayor tranquilidad y, a la vez, que los nietos sean acogidos en un entorno familiar. A la hora convenida ya irán a recogerlo, pero mientras tanto tienen un soporte afectivo y funcional.

Los nietos no precisan autoafirmarse con los abuelos y pueden permanecer en una posición de mayor comodidad. Inicialmente serán muy cautos en cuanto a confidencias, pero en momentos de tensión con los padres pueden hablar de sus inquietudes y desavenencias para contrastar su punto de vista y buscar mayor comprensión de la que reciben por parte de los padres. Necesitan saber qué hacían sus padres cuando tenían su edad, si también vivían situaciones de conflicto o existía fricción con los abuelos y como reaccionaban estos. Las negativas de los padres y los desacuerdos encontrarán un lugar para ser compartidos y comprendidos, lo que supondrá un bálsamo para los nietos.

El conocimiento y la experiencia de los abuelos favorecerá la comprensión de sus demandas, que ya vivieron cuando eran padres, y, a la vez, constituirán un factor de protección y de serenidad ante los requerimientos de los menores, la interpretación de sus conductas y sus recursos. De este modo se podrá ofrecer una orientación más adecuada, lo que redundará en una mayor madurez, más estabilidad y una mejor adaptación.

Si se establece una complicidad entre hijos y abuelos en la que exista una valoración mutua, los nietos repetirán este modelo con sus padres. Asimismo podrán beneficiarse, por su parte, de estos conocimientos, lo que potenciará su comprensión, al mismo tiempo que favorecerá su participación en casa de manera más estable y de forma habitual.

Por otra parte, las crecientes competencias de los nietos en determinados ámbitos, en los desplazamientos y su conocimiento del entorno favorecen la adquisición de cierto protagonismo en las conversaciones o en la satisfacción de pequeñas necesidades de los abuelos, lo que ira abriendo mayores oportu-

La relación entre abuelos y nietos cambia con el tiempo; los vínculos afectivos se reafirman y cada vez comparten más confidencias.

nidades, que favorecerán las relaciones entre abuelos y nietos. En muchos momentos podrán resolver problemas que los abuelos, por su formación o experiencia, son incapaces de solucionar, en parte por las nuevas tecnologías. Se inicia, en estos momentos, una nueva situación: los nietos pueden ser los maestros y los abuelos los alumnos, con la consiguiente admiración de los abuelos por sus nietos. Este cambio de lugar potenciará la aparición de nuevas complicidades, más allá de la actividad concreta, para convertirse en un espacio que, en muchos momentos, permitirá confidencias y desahogos. Por otro lado, la mayor fortaleza física los nietos puede constituir un apoyo para los abuelos. Esta menor dependencia y mayores recursos favorecen la idea de ser necesarios, de poder resolver problemas y de tener un reconocimiento que, en muchos momentos, no tendrán de los padres por tratarse de algo lógico y obligatorio. A modo de ejemplo, hacer pequeñas compras, coger peso o subirse a una escalera para cambiar una bombilla serán pequeñas aportaciones que los abuelos valorarán mucho más que los padres.

Lógicamente, no habrá nunca paridad en cuanto a las necesidades o deseos, pero se iniciará un proceso de inversión progresiva en que los abuelos cada vez más pasarán de proteger a los nietos a ser protegidos por ellos.

La adolescencia. Cambio de papel

Cuando se habla de la adolescencia, las divergencias y la pluralidad de puntos de vista en materia educativa aumentan tanto en las familias como entre los profesionales y en los medios de comunicación, lo que incrementa el desconcierto general en cuanto a lo que se espera, es aceptable y cómo se ayudar en esta etapa de la vida, por otra parte, tan vulnerable.

En sociedades con un desarrollo económico menor o con más dificultades sociales, la adolescencia apenas aparece como tal, y los individuos pasan directamente de la infancia a la edad adulta, tanto en lo referente al mundo laboral como en el ámbito personal. Por ello, podemos afirmar que la adolescencia es una etapa de transición, generada culturalmente, que debe ser satisfactoria para el proceso de adaptación a la sociedad. Tiene sentido como etapa de formación y orientación antes de poder independizarse de la familia y no como una etapa de distorsión en el proceso personal madurativo y de alejamiento educativo.

Se hacen juicios de valor generales a partir de comportamientos minoritarios, se culpa a los adolescentes de muchos de los problemas que padecen o se habla de mayor desmotivación y de fracaso escolar con respecto a otros momentos, entre otras cosas, sin considerar que los referentes no son los mismos y que no se valora claramente el contexto o las actuaciones de los adultos.

Debido a la propia inseguridad ante los procesos de cambio (con facilidad se expresa verbalmente: «¡No sé qué me pasa!»), se producen reacciones de cerrarse en sí mismos, de una necesidad de tener espacios propios o de búsqueda de intimidad. En esos momentos, la familia no debe atribuir esta postura a contradicciones profundas ni ha de exigir más estabilidad o criticar los cambios de humor y de opinión. Pasar del pesimismo al optimismo es muy normal a esta edad.

La capacidad de tener unas relaciones empáticas y dialogantes se manifiesta más con las personas de su edad que con los adultos, por las dificultades de aceptar un punto de vista que comporta exigencias y responsabilidades. Por ello, precisamente, los adultos deben responder con estabilidad emocional y comprensión (lo que no quiere decir ceder ante todas sus demandas) y, a pesar de las discrepancias y las reacciones emocionales «fuertes», deben potenciar el respeto a las personas como factor esencial que todos deben tener en cuenta.

Una de las características de esta etapa es el progresivo alejamiento de la familia, iniciado ya en la etapa de la pubertad, para poder autoafirmarse y adoptar la necesaria distancia de los adultos con el fin de poder presentarse ante los iguales con personalidad propia. Este distanciamiento genera inseguridad, pero es

La adolescencia es una etapa difícil en la vida de los chicos y las chicas, que se refugian en sus amigos y se apartan de los adultos.

imprescindible para poder continuar el proceso de desarrollo hasta llegar a la edad adulta con madurez emocional y con las competencias suficientes.

Este alejamiento del hogar, más simbólico y actitudinal que real, crea confusión, inseguridad y posturas contradictorias, por lo que los adultos deben encontrar, al mismo tiempo, su lugar con estabilidad y comprensión del proceso adolescente. Esta estabilidad de los adultos no evitará las demandas, las discrepancias o las tensiones, que se manifestarán de forma extrema con respuestas emocionales, argumentando la necesidad de conseguir su demanda y con un gran ímpetu en las reacciones, especialmente ante la frustración que comportan las limitaciones y las exigencias de los adultos. Por tanto, la inestabilidad es propia de la adolescencia. Las alegrías son muy fuertes, pero también lo son los desacuerdos y las tristezas. La duración de dichas reacciones emocionales puede ser breve e intensa. De ahí que se hable, como perfil típico, de la labilidad emocional de la adolescencia y, por tanto, las reacciones emocionales serán un elemento de debate recurrente, especialmente al inicio de esta etapa: los desacuerdos con la familia, cada uno de los momentos que se viven, en definitiva, cualquier cosa, se afrontan con tal intensidad que genera reacciones emocionales visibles y claras.

En esta etapa se debe estar disponible para el adolescente y dialogar con él para continuar ofreciendo pautas que expliquen las respuestas educativas; las negativas debido a la edad, riesgo o por situación familiar y las exigencias de colaboración familiar, de formación y de responsabilidad personal.

Es importante establecer los límites adecuados para favorecer el aprendizaje de la autonomía y el autocontrol, ya que en ciertas situaciones los riesgos son muy altos y las consecuencias, impredecibles e incontrolables, van a implicar a todo el grupo familiar y social más próximo. Por ello, la familia continúa siendo un puntal imprescindible, precisamente porque es el núcleo de las relaciones afectivas que ofrecen respaldo ante cualquier situación. No obstante, el adolescente nunca debe interpretar que se le permite todo y que serán los adultos los que resuelvan las consecuencias derivadas de sus conductas irreflexivas y poco adecuadas: pagar multas, resolver conflictos policiales, defenderle ante situaciones poco claras, etcétera.

Lógicamente, a medida que pase el tiempo, la implicación personal debe ir aumentando, del mismo modo que tiene que ser mayor el espacio que los adultos dejen a los adolescentes para poder tomar decisiones y asumir sus consecuencias.

La demanda creciente de la sociedad en cuanto a la prevención de riesgos (salud, circulación, formación, etcétera), en esta etapa de la vida, exige el mantenimiento de esta red familiar, escolar y de amistades para acompañar al adolescente y a su entorno durante esta etapa. La sobreprotección familiar a nivel funcional (resolución de todas las demandas, necesidades y exigencias) o justificativo, que potencie, en muchos casos, el enfrentamiento con los agentes sociales, puede ser un factor de riesgo y de soledad para el adolescente, que precisa que los adultos le ayuden a regular sus demandas, a aceptar los límites de libertad y a asumir unas exigencias racionales.

Abuelos: un apoyo para los padres

Los adolescentes, para desarrollarse y poder construir su propia personalidad y su imagen, precisan oponerse a los adultos, pero deben enfrentarse y distanciarse de los padres para conseguir su propia identidad, proceso que no es necesario con los abuelos. Por esta razón, así como por la diferencia de edad y el menor protagonismo en su educación, la adolescencia acepta mejor algunas ideas de los abuelos que de los padres. La urgencia y el apoyo de los padres acostumbran a estar más vinculados con las situaciones de cada momento y de cada día y la exigencia y la actitud de los abuelos es más amplia y general y comporta menos urgencias.

Si las situaciones cotidianas ya están resultas y existe suficiente autonomía, el apoyo que pueden ofrecer los abuelos en esta etapa estará más determinado por las obligaciones profesionales de los padres o incluso por exigencias sociales, u oportunidades de ocio que por las necesidades de los nietos.

Por otra parte, los nietos pueden ayudar a los abuelos en situaciones de fragilidad; además, el hecho de poder contar con los nietos puede vivirse como un reto de ayuda y de soporte al ser útiles para los abuelos. Esta actitud de ternura y de aceptación de obligaciones puede resultar más frecuente con los abuelos que con los padres, lo que no debe ser mal interpretado por ellos.

Relación entre los abuelos y los nietos durante la adolescencia

La complejidad de las relaciones entre los adolescentes y los padres tiene un matiz muy diferente con los abuelos. Aunque en otros momentos la similitud entre los padres y los abuelos era manifiesta, ahora los nietos ven en estos últimos una oportunidad de acercamiento que, en principio, no se produce con la misma intensidad con los padres, puesto que el papel de unos y otros es muy diferente.

En este momento, los abuelos, si ha existido complicidad en etapas anteriores, suponen un apoyo para los nietos debido a distintos factores: distancia generacional, valoración que de sus competencias hacen las personas mayores, reconocimiento de los logros alcanzados y comprensión de sus inquietudes.

Los recuerdos de las experiencias vividas por los abuelos como padres con sus propios hijos les proporcionan una mayor perspectiva de las urgencias que atosigan a los adolescentes y les hace rememorar sus propias dificultades. La perspectiva necesaria, que en muchos momentos hubieran deseado tener en las relaciones con sus propios hijos, les genera ternura hacia los nietos y comprensión hacia los padres. Poder hablar de sus disgustos del pasado también será positivo para los nietos, ya que les permitirá comprender las angustias de sus padres precisamente porque no tienen que reconocerlo ante ellos.

Otro aspecto de interés para los nietos, iniciado ya en la etapa anterior, pero que ahora reviste más importancia para ellos, es la historia familiar, las vivencias, especialmente en contextos de cambio cultural, personal, aventuras, situaciones positivas o dramáticas, lo que les permite conocer sus raíces y su identidad. Con ello, los abuelos aproximan a sus nietos al mundo vivido por sus padres y, aunque existe cierta distancia temporal, el hecho de poder comprender las actitudes y las experiencias de los padres cuando eran adolescentes tendrá gran valor. Preguntarán cosas como: «¿También llegaban tarde?», «¿También te hacían enfadar y eran desordenados?», «¿Por qué me lo niegan si también lo hacían?» y después harán reproches a sus padres.

Asimismo, pueden actuar como intermediarios en las demandas de los adolescentes. Su comprensión puede suavizar algunas decisiones que los padres no acepten directamente y favorecer la resolución de situaciones que antes eran difíciles de solucionar. Este papel como mediadores puede favorecer la reflexión y la serenidad necesarias para que los nietos comprendan las responsabilidades de los padres y los riesgos de su demanda, sin que ello comporte desconfianza y permita que los nietos comprendan los motivos de los progenitores.

El hecho de que los nietos ofrezcan su ayuda a los abuelos no siempre conllevará un sentimiento altruista, sino que al principio existirá algún interés poco explícito. Así, obtendrán ciertos beneficios, como llegar más tarde a casa, quedarse a dormir en casa de los abuelos en lugar de ir con los padres y los hermanos o encontrarse con sus amistades.

Los abuelos pueden actuar como intermediarios en las demandas y preocupaciones de los adolescentes.

Guía de las etapas del desarrollo psicomotor

De 1 a 6 meses

Al 1.er mes

- Los brazos y las piernas se encuentran flexionados.
- En posición prona, el niño empieza a levantar la cabeza.
- Puesto boca abajo, empieza a reptar.
- Se sienta si se le sostiene.
- Cierra la mano si se le toca la palma con un dedo.
- Con la mirada logra seguir un objeto de colores vivos.
- Fija la mirada en la cara de sus padres y deja de llorar cuando se le acercan o cuando oye su voz.

A los 2 meses

- Sentado, mantiene la cabeza erguida durante un corto periodo.
- Boca abajo, levanta la cabeza y los hombros.
- Se gira de lado apoyándose en la espalda.

A los 3 meses

- Cuando está sentado, mantiene la cabeza erguida.
- Boca abajo, se apoya en los antebrazos.
- Sostiene un sonajero y es capaz de agitarlo con movimientos involuntarios.
- Tira de la sábana y se la acerca.
- Juega con las manos
- Gira la cabeza para seguir un objeto.
- Cuando ve el biberón, se anima.

A los 4 meses

- El bebé sostiene bien la cabeza y la puede girar a voluntad.
- Boca abajo, extiende las piernas, y echado de espaldas, levanta la cabeza y los hombros.
- Utiliza las manos y las deja abiertas.
- Intenta coger el juguete que le muestran.
- Sacude vigorosamente el sonajero mientras lo mira.

A los 5 meses

- Se mantiene sentado con un ligero apoyo.
- De pie, empieza a apoyarse en las piernas.
- Recoge el sonajero que está a su alcance.

- Coge un cubo y lo sostiene mientras mira el segundo.
- Tiende la mano hacia un objeto que le ofrecen.
- Sonríe al espejo.
- No le gusta estar demasiado rato solo.

A los 6 meses

- Si está acostado boja abajo, es capaz de ponerse a cuatro patas.
- Se da la vuelta solo.
- Puede soportar su peso con las piernas, si se le sostiene estando de pie.
- Permanece sentado unos instantes, bien instalado en su asiento. Con los muslos separados y los ojos muy abiertos, descubre el mundo.
- Sostiene firmemente en la mano sus primeros juguetes. Los agarra indistintamente con la derecha y con la izquierda.
- Cuando los objetos son más grandes, utiliza las dos manos para llevárselos a la boca y devorarlos con entusiasmo.
- Utiliza la palma de la mano para coger y sostener objetos, sobre todo la parte próxima al dedo meñique.

De 7 meses a 1 año

A los 7 meses

- Se mantiene sentado solo durante un corto momento.
- Coge dos cubos, uno en cada mano, y coge los objetos con la mano arrastrándolos.
- Se lleva los pies a la boca.
- Tiende la mano al espejo.

A los 8 meses

- Se yergue para sentarse y se mantiene sentado.
- Empieza a andar a gatas.
- De pie, se sostiene con las piernas jugando.
- Coge los objetos con el pulgar y pasa fácilmente un objeto de una mano a otra.
- Participa encantado en el juego del escondite.
- Reconoce con facilidad sus juguetes favoritos y le encanta acariciar los peluches.
- Busca los juguetes que ha perdido y le encanta tirarlos al suelo.

A los 9 meses

- Se mantiene en pie con apoyo y hace movimientos de marcha si se le sostiene.

- Anda a cuatro patas.
- Agarra los objetos con los dedos pulgar e índice.
- Sabe hacer algunos gestos repetitivos.
- Empieza a tener miedo de las personas que no le resultan familiares.
- Muerde los objetos muy a menudo.

A los 10 meses

- Se pone de pie gracias a un punto de apoyo, se mantiene así sujetándose y levanta un pie.
- Es capaz de encontrar un objeto escondido.
- Pone un objeto dentro de otro y busca el objeto escondido en otro.
- Imita las expresiones y los gestos.
- Pone a prueba a sus padres en el momento de las comidas y al irse a la cama.

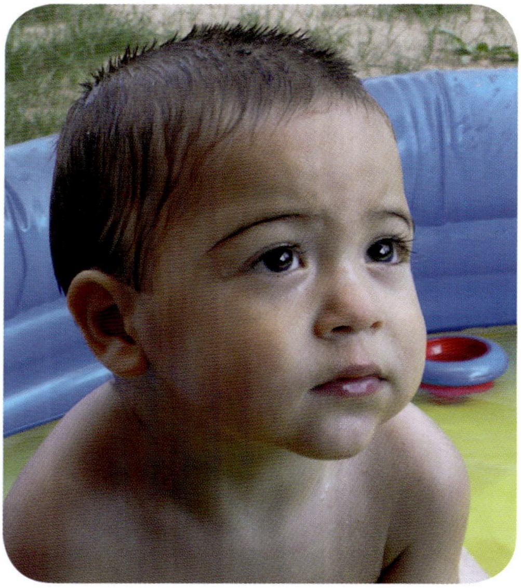

Al año

- Se mueve a cuatro patas. Si es precoz, se mantiene en pie, apoyándose en los muebles o totalmente solo. Anda junto a los muebles y avanza, si se le coge de la mano o si se le sostiene por debajo de las axilas.
- Sostiene él solo, con las dos manos y con cierta destreza, su taza de leche, recoge las migajas de su comida y hace sus primeros dibujos.
- Coge los objetos formando una pinza con el pulgar y el índice.
- Repite algunos actos para reírse.
- Expresa sus sentimientos, a menudo amor, a veces celos, y de vez en cuando pone a prueba su poder sobre sus padres haciéndoles rabiar.

De 1 a 2 años

A los 15 meses

- El niño se pone de rodillas, se agacha para sentarse y se levanta solo.
- Camina pero aún no lo hace de forma equilibrada y a menudo levanta los pies más de lo necesario. Se cae muy a menudo.
- Sube las escaleras reptando.
- Gira la muñeca para llevarse la cuchara a la boca.
- Es capaz de quitarse los zapatos si no llevan cordones.

- Construye una torre de tres cubos.
- Demuestra claramente sus sentimientos y le encanta ser el centro de todas las atenciones.

A los 18 meses

- Sube las escaleras a cuatro patas poniendo los dos pies en el mismo peldaño y las sube de pie si le sostienen.
- Corre y anda hacia atrás.
- Da patadas a una pelota.
- Bebe solo de una taza y puede pasar las páginas de un libro.
- Sabe designar los objetos simples o los animales que se le nombran.
- Puede analizar situaciones simples y pragmáticas.
- Es capaz de ejecutar órdenes que tienen que ver con la evaluación y la memoria.

A los 21 meses

- Baja la escalera si le cogen de la mano.
- Construye una torre de cinco cubos o los alinea para hacer un tren.
- Surge el pensamiento simbólico: los objetos ya no tienen solo sus propiedades intrínsecas, además cambian de función, evocan otros objetos u otras situaciones.
- Es capaz de señalar distintas partes del cuerpo de una muñeca.
- Realiza sus primeros intentos de autonomía y su curiosidad aumenta.

De 2 años a 3 años

A los 2 años

- Le encanta correr, da patadas a una pelota, sube y baja solo las escaleras sin alternar los pies, peldaño tras peldaño, sosteniéndose en la barandilla.
- Puede saltar con los dos pies.
- Cuando corre, le cuesta pararse. Le encanta moverse y bailar.
- Es limpio durante el día y sabe pedir el orinal o ir solo al baño.
- Le gusta estar con otros niños aunque todavía es incapaz de participar con ellos en la misma actividad. Puede ser un tanto agresivo.

- No le gusta que no le dejen ser independiente y a veces tiene miedo de que sus padres le abandonen.
- Juega hábilmente apilando cubos, construye una torre de seis cubos, pasa las páginas de los libros, ensambla sus primeras piezas e imita a los adultos en sus diversas ocupaciones.
- Gira los pomos de las puertas, abre las tapas de las cajas si no están demasiado ajustadas, baja y sube los cierres de corredera.
- Empieza a dibujar garabatos. Curiosamente, coge el lápiz con toda la mano. Puede utilizar tanto la mano derecha como la izquierda. Pero, con la primera, realiza los trazos hacia la derecha y emborrona en el sentido de las agujas del reloj; con la mano izquierda dibuja en sentido inverso.
- Se opone con fuerza y satisfacción «gracias» a un carácter firme y al manejo de la frase negativa.
- Ayuda a ordenar sus cosas.

Entre los 2 y los 3 años

- Salta con los pies juntos y anda con la punta de los pies, se sostiene con un solo pie y puede llevar un vaso de agua.
- Es capaz de correr por una pendiente o un terreno accidentado.
- Sabe pedalear.
- Enhebra bolitas, construye una torre de ocho cubos y diferencia los objetos que es capaz de clasificar según su forma y color.
- Sabe usar las tijeras.
- Sabe desabrochar un botón y se desnuda solo.
- Sus dibujos se vuelven más figurativos. Progresa muy rápido y hacia los 2-3 años cierra los círculos que le servían para imaginar a sus primeros personajes. Este esbozo de círculo corresponde precisamente a la edad en que toma conciencia de su «yo».
- Se opone a menudo a las órdenes y se pone furioso cuando no consigue hacer lo que quiere.
- Los miedos son más frecuentes y se inician los primeros ritos a la hora de acostarse.
- Empieza a identificar a las personas según su sexo y puede separarse de sus padres durante periodos cortos.

De 3 años a 6 años

Entre 3 y 4 años

- El niño sube las escaleras poniendo un pie en cada peldaño, y cuando baja, se salta el último.
- Libera su energía en las actividades deportivas: triciclo, patines con ruedas, juegos de pelota. Le encanta todo lo que se mueve.
- Hace dibujos identificables y empieza a nombrar los colores.
- Sabe abrocharse y desabrocharse los botones y atarse los cordones de los zapatos.
- Construye torres de nueve cubos y edificios complicados con estos cubos.
- Empieza a utilizar bien las tijeras, una prueba de los inicios de la coordinación cerebro-músculos, indispensable para tener una buena coordinación manual.
- Empieza a tener algunas nociones de las reglas y del desarrollo temporal de los acontecimientos, lo que le permitirá participar en juegos en los que cada uno interviene siguiendo un turno de acuerdo con una regla válida para todos.
- Es capaz de ponerse en el lugar del otro. Esto significa el inicio de las primeras amistades verdaderas y sólidas.
- A menudo tiene un amigo imaginario.
- Esbozos de inicio de los juegos de imaginación e imitación.
- Todavía es capaz de concentrarse y puede pasar una o dos horas con el mismo juego.
- Le sigue gustando manosear, el sentido del tacto sigue siendo importante para él.
- Sabe que es un niño o una niña y se siente muy cómodo con su sexualidad.

Entre 4 y 5 años

- Sus movimientos están bien coordinados, salta, escala, baja las escaleras deprisa poniendo un pie en cada peldaño.
- Aprende a ir en bicicleta sin las dos ruedecitas.
- Dibuja un círculo, líneas paralelas y sabe recortar bien.
- Dibujo unas magníficas figuras humanas con cabezas grandes, cuya anatomía se perfecciona con pelo, orejas, manos, pies y ombligo, y algunos detalles que permiten identificar su sexo.

- Sabe comparar lo que es más grande y más pequeño y empieza a tener sentido del orden.
- Es un niño muy imaginativo que empieza a ser paciente, pero que a menudo es autoritario.

A los 6 años

- Tiene una gran necesidad de movimiento y rebosa actividad, corre y se sube a todas partes. Salta a la pata coja o con los dos pies juntos. Estas nuevas capacidades le permiten ir en bicicleta con total seguridad, en monopatín, saltar a cuerda, hacer esquí, acrobacia y juegos de pelota.
- Su habilidad manual le permite hacer actividades delicadas. Lo que más le gusta es tener actividades propias de adultos y participar en actividades con estos.
- Conoce su dirección y algunos números de teléfono.
- Reconoce el encadenamiento de los días y, a menudo, de las estaciones. Se interesa por las horas del día. También se orienta en el entorno y conoce el camino para ir a la escuela o a la panadería. Aparecen las nociones de cantidad.
- Es creativo, está orgulloso de sus producciones. Le gustan los lápices, la pintura y recortar.
- Tiene algunas dificultades para concentrarse.
- Su espíritu lógico hace grandes progresos. A partir de lo que constata o de lo que aprende es capaz de generalizar para deducir reglas.
- Le encanta contar, jugar a simular. Le apasionan los teclados y las pantallas.

De 7 a 10 años

De los 7 a los 8 años

- A los 7 años, el niño ha adquirido un perfecto dominio de su cuerpo.

- Tiene sentido del equilibrio.
- Sabe escribir.
- Se viste y se desviste solo.
- Es capaz de mantener su habitación ordenada.
- Hay una clara apertura al mundo exterior.

De los 9 a los 10 años

- El niño está en una edad de transición.
- La niña muestra los primeros signos de pubertad.
- Es capaz de colaborar de forma más responsable en las actividades domésticas.
- Empieza a ser autónomo en los desplazamientos habituales (escuela, compras...) y en las actividades escolares.

Los abuelos: familia extensa. Circunstancias y sentimientos de los abuelos

Los abuelos: familia extensa. Circunstancias y sentimientos de los abuelos

Qué duda cabe que vivir en comunidad resulta positivo y natural y que la familia es la unidad social básica que acoge al recién nacido para favorecer su bienestar y acompañarlo en su proceso madurativo para que pueda ser una persona adulta.

Los vínculos que se construyen en el seno familiar no finalizan cuando el niño se convierte en adulto, como ocurre en otras especies, sino que persisten y continúan condicionando de manera positiva o negativa a cada una de las personas del grupo familiar, con independencia de que convivan o no, hasta su muerte, más por cuestiones afectivas, por los vínculos creados o ausentes y por los momentos de convivencia que por razones genéticas. Por este motivo, es importante considerar que cada uno de los acontecimientos que afectan e influyen en la vida de uno de sus miembros repercute de una manera u otra en los demás, convirtiéndose en motivo de satisfacción y de alegría o, por el contrario, de temor, de dolor o de desasosiego.

Los profundos cambios sociales están dando lugar a múltiples modelos de familia, así como a distintas formas de actuar y de organización de sus miembros, lo que condiciona a las personas que las gestionan, entre ellas, lógicamente, a los abuelos. Además, determinará las formas en que se relacionarán las generaciones futuras.

No entraremos en detalle sobre las diferentes situaciones que pueden vivirse hoy en día en el seno familiar ni sobre las posibles formas en que los abuelos pueden vivirlas, sino que, de manera global, presentaremos diferentes situaciones, frecuentes hoy en día, y su posible influencia en la vida cotidiana de los abuelos.

Las familias, en las que cada uno representa un papel, tienen una gran importancia en el desarrollo de los niños.

Compartir retos

En primer lugar, cabe destacar que puede considerarse familia extensa la primera línea descendiente de una pareja, es decir, los hijos, las personas con quienes comparten su vida, los nietos y, en su momento, las personas con las que ellos también van a compartir su vida. De forma más amplia, los hermanos y sus descendientes constituirían también la familia extensa de los nietos, y se podría ampliar a las personas que, de alguna manera, tienen vínculos en el marco de las relaciones familiares.

Un primer posicionamiento tiene lugar en el mismo momento en que se cambia de estatus: de padres a abuelos. Este nuevo papel comporta cierto simbolismo, sin duda, positivo y optimista. Se puede afirmar que el nacimiento de los nietos es motivo de ilusión y de expectativas positivas para los abuelos, que desean compartir estos momentos tan especiales en la vida de los nietos y de sus hijos. Por otra parte, el mismo hecho tiene un impacto que no debe menospreciarse, tanto en la interpretación personal de lo que puede comportar como por las repercusiones que conlleva en la vida de la persona y en el modo en que lo ven otras personas.

La amplitud de la familia ha ido cambiando a lo largo del tiempo, debido a cuestiones demográficas, profesionales, urbanísticas y económicas. Si en otro momento era posible que diferentes generaciones compartieran la vivienda, hoy en día resulta complicado y menos frecuente por distintas razones. Por un lado, se han reducido los espacios de las viviendas, las oportunidades profesionales han fomentado el traslado a las ciudades y los cambios de localización y las posibilidades económicas han propiciado los desplazamientos, por lo que los grupos familiares de mayor proximidad han quedado reducidos claramente y solo se han mantenido básicamente en zonas rurales o en casos aislados.

Otro factor que ha reducido la familia extensa de manera evidente ha sido el mayor control de la natalidad, que ha comportado un menor número de nacimientos por pareja, en parte debido a la menor mortalidad infantil, así como al escaso espacio en las viviendas, además de las exigencias laborales de los padres, que implican unos horarios de difícil gestión y desplazamientos para cumplir con sus obligaciones profesionales. Todas estas situaciones han supuesto ciertas dificultades, ya que las ciudades no disponen de demasiados recursos para la gestión del tiempo de los niños. Por este motivo, además de por la menor relación con el vecindario, la vida cotidiana está influenciada tanto por la inseguridad, como por las distancias reales o sobrevaloradas o por las actividades extraescolares. En este sentido, los modelos relacionales de otros tiempos en la actualidad han dejado de ser viables, con

Los modelos familiares han cambiado en los últimos tiempos y cada vez es más difícil que diferentes generaciones compartan vivienda.

lo que la familia extensa se ha apoyado en mayor medida en la figura de los abuelos.

Paralelamente, estos cambios también han ejercido su influencia en la imagen y las oportunidades que se les ofrece a los abuelos. En la década de 1980, la visión social que se tenía de los abuelos era diferente, especialmente en las sociedades más evolucionadas. Así, gracias a la mayor calidad de vida, a la forma de vestir, al acceso a un mayor bienestar y a las ofertas disponibles, este colectivo, al menos teóricamente, ha pasado de ser un sector con poco protagonismo social a convertirse en el centro de atención de muchas ofertas culturales en una etapa en la que su vida se reducía al hogar. Por este motivo, si en otros momentos los abuelos estaban presentes en el entorno familiar, en ellos recaía, de forma espontánea y en buena medida, la responsabilidad del cuidado de la casa y de los nietos. Sin embargo, en el momento en que no comparten la vivienda pasan a ser un apoyo externo, y las oportunidades que les ofrecen les permiten vivir esta etapa con la posibilidad de escoger nuevas alternativas que tengan a su alcance, con lo que, con independencia de su decisión, su apoyo se deberá asumir como ayuda, y no como una obligación.

Cuando sus hijos forman una nueva familia, los abuelos muestran temor e inquietud por las posibles dificultades y necesidades que puedan tener los hijos, lo que les hace sentir cierta presión, e incluso casi obligación, que les lleva a ofrecer su ayuda y soporte en las situaciones que, de alguna manera, consideran vulnerables o difíciles. Esta ayuda será de muchos tipos, dependiendo de su fortaleza física, organizativa o económica, y en función de los recursos de que dispongan los abuelos, pero en casi todos los casos esta implicación conllevará apoyo, proximidad de un tipo u otro y, sobre todo, vinculación emocional y afectiva.

De la misma manera que hablan de los aniversarios, de las fiestas, de las vacaciones compartidas o de otros acontecimientos, en su conversación y en su mente, se encuentran las circunstancias que rodean a la joven pareja y a los nietos: planificación familiar, necesidades económicas, salud, situación profesional y otras circunstancias de su vida cotidiana. Además, sienten la necesidad de ayudar, de acompañar y de ofrecer su apoyo como si tuvieran que desempeñar el papel de padres protectores, aun a costa de obviar sus propias necesidades, o de menospreciar las oportunidades a las que pueden acceder cuando los hijos se independizan y toman sus propias decisiones con las consiguientes consecuencias.

En este sentido, es imprescindible valorar esta actitud de inquietud, de disponibilidad y de generosidad de los abuelos a fin de que pueda establecerse un diálogo y asignar el papel de cada generación, valorando los derechos y las responsabilidades. Muchas parejas jóvenes, para poder realizar sus proyectos, muestran una actitud de poca consideración con respecto a los abuelos, como si disponer de su ayuda casi incondicional se tratara de una cuestión lógica y natural. Parece como si la generosidad de los abuelos hubiera potenciado el egocentrismo y el egoísmo de hijos y nietos, por lo que a menudo acaban viendo como un problema que los abuelos no les ofrezcan el apoyo esperado y lo consideran casi como un derecho.

Si los abuelos no pueden ofrecer su apoyo por razones de imposibilidad o por falta de salud, se corre el riesgo de que los hijos lo interpreten como una falta de afecto y de comprensión. Por tanto, podríamos hablar de unas exigencias inadecuadas por parte de la generación que tiene más fortaleza y que debe gestionar su presente y su futuro. Ello implica tener responsabilidades propias, reflexionar antes de tomar decisiones, planificar y prever las repercusiones, sin hacer partícipes a los abuelos en unas demandas que no se corresponden a su momento vital.

Se trata, pues, de una situación que debe ser valorada en profundidad por cada grupo familiar y, a la vez, conjuntamente, a fin de definir la forma de actuación y las implicaciones individuales y colectivas para favorecer un clima positivo en el que cada uno asuma el papel que le corresponda según la etapa de la vida en la que se encuentra, y para que constituya, en definitiva, un modelo para los hijos y los nietos, que deben respetar y comprender los derechos de los abuelos.

Paralelamente, no debe olvidarse la imagen que los abuelos pueden tener de ellos mismos, de la etapa que están viviendo, de cómo se ven, cómo creen ser vistos y aquello que se dice acerca de su papel y de lo que se espera de ellos. Con independencia de su salud, de su edad o del estatus profesional o social, esta nueva etapa está repleta de simbolismo y de connotaciones que se adscriben al papel de abuelos y que comportan una perspectiva de la propia vida.

Todos estos factores no aparecen de forma aislada, sino simultáneamente, y cabe destacar que influencian en gran medida la vida cotidiana, las decisiones que se tomen y las respuestas ante los eventos, tanto cotidianos, y de fácil planificación, como excepcionales, que condicionan el momento en que suceden, sin que existan demasiadas alternativas.

SABER +

Los abuelos, como grupo familiar, constituyen un apoyo muy valioso en las diferentes situaciones o circunstancias con las que se puede encontrar la nueva familia. Será fundamental valorar que su implicación no suponga desempeñar el papel que les corresponde a los padres o responda a una necesidad de solucionar situaciones generadas por falta de planificación o por unas decisiones poco adecuadas.

Diversas circunstancias cotidianas

Una de las circunstancias inevitables que tienen lugar en la vida cotidiana es la aparición de pequeñas enfermedades o crisis de salud tanto en los nietos como en los hijos. En el momento en que afectan a los hijos, el apoyo de los abuelos, en la medida de lo posible, cobra un papel importante y son un apoyo de un valor incalculable, ya que pueden hacerse cargo de situaciones domésticas; además, ofrecen apoyo afectivo y comprensión en momentos de gran fragilidad.

En los nietos, en el caso de enfermedades pasajeras o de las propias de la infancia, el conocimiento y la experiencia de los abuelos acerca de los síntomas o de las repercusiones del trastorno produce un efecto tranquilizador en los padres y, como consecuencia, en los nietos.

Por otro lado, se podrían plantear situaciones de apoyo puntual a causa de una visita médica, por motivos laborales o por obligaciones sociales, o incluso para que los padres puedan disfrutar de un pequeño descanso vacacional sin sus hijos, hecho que comportará que los abuelos los cuiden.

Una situación más compleja es la que tiene lugar en momentos críticos que, aunque no sean permanentes, implican una reorganización que afecta a la vida cotidiana durante cierto tiempo. Sería el caso de problemas importantes relacionados con la vivienda, la crisis económica, crisis o cambios laborales. Cualquier cambio, especialmente si se debe a una situación de pérdida y no ha permitido una planificación y una solución a corto plazo, es abordado con inquietud por parte de los abuelos, lo que puede comportar dificultades añadidas, especialmente si puede representar un problema significativo para los padres, con las consiguientes repercusiones en los nietos. En este caso, poder contar con el apoyo de los abuelos tiene un gran valor, al mismo tiempo que permite afrontar con mayor tranquilidad las dificultades del momento, gestionar los recursos y planificar nuevas acciones para que la

Los abuelos son de gran ayuda en situaciones complicadas, como puede ser la enfermedad de los nietos.

situación repercuta lo mínimo en la dinámica familiar, y que tanto los abuelos como los padres recuperen la situación anterior en la medida de lo posible.

Las decisiones de los hijos y sus consecuencias

La toma de decisiones es un proceso que requiere un análisis de la situación, de los cambios que tendrán lugar con la decisión que se toma y, especialmente, de las repercusiones. En este análisis deben valorarse todas las consecuencias individuales o colectivas y se deben tener presentes las personas a quienes puede afectarles la decisión. Así, las decisiones que tomen los hijos, inevitablemente, afectarán a los abuelos y a toda la familia, pero si su participación se considera importante, será necesario valorarlas conjuntamente antes de decidir. Si ya se ha producido este proceso de reflexión, podrán verbalizarse y compartir los temores, las ideas, la visión de los cambios que se pueden producir, los riesgos previstos y la forma de resolverlos, lo que, sin duda, influirá en la tranquilidad del grupo familiar. En este sentido, cada persona podrá expresar su opinión y asumir libremente su implicación, con el reconocimiento de este derecho por parte de la familia.

En todo caso, con el debate se posibilita que se tengan presentes los diferentes puntos de vista y aunque, lógicamente, la decisión que se tome responda a los deseos de los hijos, el hecho de que asuman las repercusiones y planifiquen la resolución de las dificultades será un factor positivo para la comprensión. Además, posiblemente existirán menos temores a la hora de asumir la decisión, que les afectará en mayor o menor medida.

Repercusiones a largo plazo

Los cambios que se producen en la sociedad actual comportan una flexibilidad y una mentalidad mucho más abierta que las que los abuelos tenían en su juventud. La rapidez con que se producen estos cambios y las repercusiones que tienen en la vida, además de las oportunidades personales y laborales o la mayor proyección profesional serían algunos de los aspectos que influyen en la vida cotidiana. Los jóvenes los viven de forma lógica, con cierta tranquilidad, y los asumen con una actitud relativamente positiva. Por otra parte, la rutina como medio de control y de logro se considera poco interesante.

Para poder adaptarse a esta situación, la juventud va tomando decisiones con cierta improvisación o, al menos, con la mirada más centrada en el presente que en el futuro, sin considerar que, de hecho, no tomar decisiones en el presente también condiciona el futuro. Las oportunidades que se abren en cada momento están influenciadas por las decisiones que se tomen, lo que exige una importante reflexión, que muchas veces se pospone.

Los abuelos, en muchos momentos, ven esta situación con cierto temor. Para ellos, es necesario saber lo que se quiere lograr a largo plazo. La pérdida de estabilidad, las exigencias del ritmo de vida y los cambios y las dudas sobre el futuro les hacen considerar que si no se toma una decisión, la situación estará fuera de control. De hecho, lo que es cierto es que cualquier actitud o decisión que tomen los hijos va a repercutir directamente en su vida presente y pasada y, de alguna manera, en lo que creían que era un referente de éxito, así como en lo que será su papel de abuelos.

Se encuentran, pues, con una sociedad imprevisible, que nunca habrían podido imaginar y en la que los puntos de referencia vividos o imaginados no tienen una traducción en su vida cotidiana, lo que les genera un sinfín de inquietudes e interrogantes ¿Qué se espera de ellos? ¿Deben renunciar a lo que se les ofrece en esta etapa? ¿Deben actuar como hacían los abuelos hace años? ¿Cómo interpretarán sus hijos esta actitud? ¿Los considerarán malos abuelos?

Planificación familiar. Edad de los padres y adopciones

La sociedad actual, mucho más compleja, menos rígida y con menos tabúes, ha introducido un cambio cualitativo en este proceso, lo que ha dado lugar a situaciones que, a diferencia de otras épocas, han dejado abierta la posibilidad de ampliar la familia en circunstancias mucho más variables y complejas, con grandes diferencias según las culturas, el estatus profesional, los modelos de vida y las opciones personales.

La edad de la madre, el modelo de pareja, la carrera profesional y el progresivo cambio del modelo masculino y femenino en el hogar y en la sociedad son algunos de los factores que han determinado las decisiones con respecto a la planificación familiar.

Aunque existen situaciones excepcionales, con madres adolescentes, la tasa de natalidad se centra de forma más amplia en parejas entre los 20 y los 40 años. Asimismo, ha aumentado el número de mujeres que viven la maternidad cuando tienen una edad casi límite para la procreación (más de 40 años).

Si hacemos referencia a la edad de los padres, vemos rápidamente cómo determina la edad de ser abuelos. Los progresos médicos en el campo de la reproducción asistida, los cambios económicos y sociales, la mayor información y los modelos de parentalidad en los que la adopción se considera un valor positivo para la familia han tenido un impacto social destacable tanto en los padres y como en los abuelos.

Evidentemente, las circunstancias personales y profesionales que han influido en la edad de los padres continuarán teniendo cierta influencia en el papel educativo cotidiano, y de la misma manera que ha aumentado la edad de la madre también lo ha hecho la edad de los abuelos, quienes pueden gozar o no de salud y de vitalidad, lo que influye en el apoyo que pueden brindar a los padres en su tarea educativa.

La adopción de un niño es una decisión que afecta a toda la familia, incluido a los abuelos, que deberán adaptarse la nueva situación.

Además de estas circunstancias y decisiones que implican una planificación familiar, cabe hacer referencia a las adopciones. Aunque no es una alternativa nueva, el cambio reside en el valor y el espacio social que se ha otorgado a esta decisión. Si antes era una circunstancia a la que no solo no se le daba publicidad, sino que pertenecía al ámbito estrictamente privado, ahora no solo es patente, sino que además se valora como una alternativa y una fuente de satisfacción.

La decisión de adoptar implica un proceso largo y costoso desde el punto de vista emocional y personal, por lo que afecta a la vida de la pareja y también a la de los abuelos, con unas posibles necesidades adaptativas y de cuidado que pueden ser amplias y, en algunos casos, específicas.

Otra variable que puede influir en las actitudes de los padres, y especialmente en las de los abuelos, es la consideración de las experiencias vividas por el niño, el contexto cultural, las necesidades personales, la adaptación o las dificultades de cualquier tipo que puedan surgir y que van a incidir en el grupo familiar, especialmente dependiendo del origen cultural del niño, debido a la carga simbólica que conlleva, y que generará temores que no pueden ignorarse. No se trata de pensar que habrá más dificultades, sino que habrá más aspectos que, si no afloran en el debate entre hijos y abuelos y no se reducen los temores, aumentará el riesgo de posibles problemas en el futuro.

En el momento en que los abuelos comiencen a relacionarse con sus nietos, es importante que se haya construido un camino de aceptación, de afecto y de confianza para toda la familia, que repercutirá profundamente en el bienestar colectivo. Estos caminos deben construirlos los padres con comprensión y afecto y nunca como reproche, incomprensión o crítica, ya que son muchas las inquietudes e interrogantes que se plantean: ¿Cuál es el lugar de los abuelos ante todas estas decisiones de los hijos? ¿Cuál era su modelo de abuelos? ¿Qué esperan sus hijos? ¿Cómo van a relacionarse con sus nietos? ¿Era esta su imagen de abuelos y de familia?

Proyección profesional de los hijos

Los cambios de escenario profesional son gestionados por los padres que, por edad y formación, miran hacia el futuro y hacia las oportunidades que les ofrece la sociedad actual.

Los abuelos necesitan comprender estas situaciones, pero esto exige un cambio de mentalidad que influye en su papel de padres. Ven con temor algunas decisiones de sus hijos, que, evidentemente, repercutirán en su papel de abuelos. Asimismo, las decisiones y la forma de vida de sus hijos en algunos momentos les producirá inquietud por la inestabilidad que puede comportar, tanto económica como personalmente.

Además de los posibles cambios de trabajo, otra de las circunstancias que inciden en el ámbito profesio-

UN PEQUEÑO CONSEJO

Las múltiples oportunidades que la sociedad ofrece a los padres exigen una reflexión sobre las consecuencias a corto, medio y largo plazo de las decisiones que tomen tanto para sí mismos como para los hijos, considerando que el proceso educativo es largo, complejo y que los padres son quienes tienen la responsabilidad de gestionarlo.

nal, y que influye de forma clara en la vida cotidiana, es la necesidad de formación permanente para adquirir una mayor cualificación profesional que ofrezca mayores oportunidades personales y económicas y que se convierta en un seguro para permanecer en el mercado laboral de forma satisfactoria. Se trata de un punto importante, ya que gracias a la formación podrán competir con las jóvenes generaciones, que tienen más formación y menos obligaciones.

Las oportunidades que tuvieron los abuelos no solo fueron menores, sino que en muchos casos la satisfacción profesional era muy inferior a la actual al tratarse de trabajos más rutinarios y con escasas posibilidades de promoción. Si bien existía menor satisfacción profesional, había más oportunidades familiares y una vida más sosegada y rutinaria, lo que les predispone a pensar que es importante que sus hijos puedan disfrutar de estas oportunidades, aunque pierdan otras satisfacciones y, por tanto, a considerar que es su obligación darles apoyo para que puedan realizarse profesionalmente, como si aún estuvieran en la etapa de formación necesaria para independizarse.

Por tanto, las repercusiones en el contexto familiar son muy importantes y precisan una mirada serena y responsable para no desvirtuar la organización familiar y que los abuelos se encuentren con un colectivo «escolar» formado por sus nietos, que están en edad escolar, y con el derecho de tener todas las oportunidades, y por sus hijos, que si bien han de continuar formándose deben asumir la responsabilidad de acompañar a sus hijos y no presuponer que son los abuelos los que deben hacer posible sus deseos o necesidades de formación.

El apoyo de los abuelos en algunos momentos no debe representar para ellos una nueva etapa de responsabilidades educativas ni una pérdida de oportunidades para conseguir una mejor calidad de vida.

Situaciones de mayor complejidad

Otro tipo de situaciones que requieren un análisis específico por tener mayores repercusiones son las crisis que pueden producirse en el seno de la pareja y que influyen de manera sustancial en la vida familiar. No se trata de situaciones pasajeras con mayor o menor importancia, sino de hechos como las crisis de pareja, que comportan cambios importantes para los hijos y también para los nietos.

El hecho de que en la actualidad este tipo de situaciones no sea minoritario no quiere decir que no tenga importancia y que no afecte a la estabilidad emocional, a la seguridad y a las relaciones entre las personas y, por tanto, que requiera un tiempo de adaptación de las personas adultas y de los menores.

No se puede realizar un análisis pormenorizado de este tipo de situaciones, ya que hay muchas variables que determinan circunstancias especificas: las causas, cómo afecta a cada uno de los adultos en sus actitudes, en su estabilidad personal y emocional, en las relaciones con los hijos y también con la familia de la pareja, puesto que a menudo los cambios repercuten en toda la familia próxima y más lejana. Por otra parte, además de en el ámbito emocional, los cambios pueden repercutir en la vida cotidiana, como puede ser la vivienda, la persona de referencia o en los aspectos organizativos.

La mayor repercusión se encuentra en los criterios educativos que se seguirán en estas situaciones. Curiosamente, los adultos tienden a considerar que estas crisis no afectan a los menores, pero existe una tendencia a compensarlos de los cambios, con lo que aparecen prácticas educativas en las que los hijos acaban siendo moneda de cambio y se aprovechan como medio de chantaje. Los abuelos, en este caso, acostumbran a ser un remanso de tranquilidad para los nietos y continúan siendo el referente para los adultos. A su vez, los abuelos tienden a ofrecer su apoyo a sus propios hijos, a quienes quieren ayudar para que recuperen su estabilidad emocional y personal, lo que acaba repercutiendo nuevamente en los abuelos.

Situaciones de gran dificultad

A diferencia de las crisis o de los cambios de distinta importancia, como los mencionados con anterioridad, también cabe considerar aquellas situaciones en las que los abuelos sustituyen a los padres debido a su mayor dedicación o por reemplazarlos de forma permanente con la convicción de que son el referente básico de los nietos y que deben asumir un papel educativo que es la única oportunidad para los nietos, función que, de hecho, no les debería corresponder.

Las causas que pueden dar lugar a una decisión tan importante y con tanta repercusión en la vida tanto de los nietos como de los mismos abuelos se pueden analizar desde cinco perspectivas, con aspectos emocionales muy diferenciados, aunque todas ellas con gran inquietud y dificultad por parte de los nietos y, en muchos casos, sufrimiento por parte de los abuelos:

1. Necesidades puntales por razones migratorias y económicas.
2. Enfermedad grave de los nietos.
3. Enfermedad grave o crónica de los hijos.
4. Necesidades por razones legales (dependencias, problemas con la justicia).
5. Necesidades permanentes por la muerte de los hijos.

Todas estas circunstancias, si bien específicas, tienen en común las graves repercusiones para la dinámica familiar, la estabilidad emocional de los nietos y la vida de los abuelos, ya que limita sus posibilidades presentes y futuras y se añaden a sus dificultades personales, ya sean físicas, relacionales y de pérdida de oportunidades. Por ello, es preciso considerar su importancia, ya que en el momento en que la situación pueda resolverse por la mayor edad de los nietos, los abuelos ya no podrán recuperar las oportunidades perdidas por falta de salud o de interés. Por sus diferentes implicaciones, las analizaremos brevemente para valorar los aspectos más relevantes de cada una de las situaciones.

Necesidades puntales por razones migratorias y económicas

En todas las épocas de la historia de la humanidad se ha producido este apoyo familiar por necesidades de promoción o de supervivencia de las jóvenes generaciones. Las oportunidades que ofrece el propio entorno es un gran condicionante de esta situación, porque determina la supervivencia o una mejor calidad de vida, al mismo tiempo que implica oportunidades formativas para los nietos. Los abuelos ven que su apoyo repercute de manera positiva en los propios hijos, pero también en toda la familia.

En estos momentos en los que la emigración es más accesible y se pueden tener muchas más oportunidades, esta situación ha aumentado en todos los países y ha repercutido en todas las sociedades, unas como acogedoras del fenómeno migratorio y otras como facilitadoras de personas que han hecho posible el desarrollo económico, que han podido ofrecer a su país de origen unos recursos económicos y que han abierto posibilidades educativas para sus hijos en el momento en que han podido reunirse con ellos.

Esta compleja situación para las tres generaciones conlleva un sufrimiento evidente, en especial para los abuelos y para los nietos. Por una parte, los abuelos comprenden que si se quedan al cuidado de los nietos permiten que sus hijos emigren a otro país en busca de oportunidades y que no se lleven a los nietos por las dificultades con las que se pueden encontrar. Por su parte, los nietos viven el alejamiento de sus padres como una dificultad, aunque al permanecer en un entorno conocido y con el apoyo afectivo de los abuelos como familia extensa, tienen una estabilidad que les permite continuar su proceso de desarrollo. Se asume la responsabilidad educativa, aunque existe conciencia del reto que comporta tener que dar respuesta constante al crecimiento y a las necesidades de los nietos.

Las repercusiones emocionales no tardarán en aparecer, especialmente si también los nietos emigran para encontrarse con sus padres. Los abuelos ven esta situación como una pérdida de la familia a quien han dedicado una parte importante de su vida. Por parte de los nietos, también se produce una pérdida al dejar a los abuelos, que han cumplido la función de padres y encontrarse con los padres reales, a quienes prácticamente no conocen, que, además, se hallan en un contexto extraño al que han de adaptarse y al que pueden sumarse otras situaciones personales. A su vez, los padres se encuentran con unos hijos que han crecido y que casi no reconocen. En caso de que emigren también los abuelos, el desarraigo de su contexto les produce inquietud, porque su emigración responde más a la necesidad de continuar ofreciendo apoyo a sus hijos y a sus nietos que a poder acceder a oportunidades personales.

Enfermedad grave de los nietos

Cuando la necesidad de mayor apoyo por parte de los abuelos viene determinada por una enfermedad grave de los nietos se producen menos tensiones, ya que existe una angustia compartida con los hijos, fruto de la circunstancia.

Evidentemente, la dedicación de los abuelos estará condicionada por necesidades específicas en función de la enfermedad, por el apoyo que emocionalmente ofrecen a los padres y para favorecer el funcionamiento de la familia, ya que los padres tendrán unas obligaciones laborales y económicas que no pueden eludir.

Por otra parte, es preciso dar respuesta educativa y emocional si existen otros nietos, que podrán encontrar en los abuelos mayor ayuda y estabilidad en el momento en que los padres deban estar al lado del nieto enfermo. En este caso, la actitud de los abuelos, sin duda, será más sobreprotectora que exigente, ya que tenderán a proteger tanto al nieto enfermo como a los hermanos y a los propios hijos para compensar las dificultades que viven. Sus necesidades quedarán relegadas y vivirán la situación como cierta obligación de prestar ayuda a la familia. Como la situación afecta a nivel emocional a toda la familia, serán los padres quienes tendrán que gestionar el apoyo de los abuelos y, si es preciso, deberán solicitar la ayuda de profesionales.

En situaciones especialmente complejas, los abuelos son un apoyo físico y psicológico muy importante para los padres.

Enfermedad grave o crónica (mental, accidentes) de los hijos

Las situaciones familiares que afectan a los adultos, en este caso a los hijos, tienen mayor repercusión para los abuelos, ya que vuelven a recuperar el papel de gestión y responsabilidad que habían tenido en el pasado como padres.

La primera consecuencia de esta situación es la inquietud que se genera en los abuelos por estar implicados sus propios hijos. Así, esta situación conllevará para los abuelos una serie de implicaciones emocionales y obligaciones educativas y de cuidado de los nietos. Después de comprender y asumir la situación con toda la gravedad que pueda implicar, aparecen las preocupaciones y los temores al constatar las repercusiones que tendrá en la vida cotidiana, siempre en función de la edad de los nietos, de las exigencias laborales o profesionales del adulto que esté en el hogar y de las necesidades a las que se deba satisfacer.

Del mismo modo que se ha comentado antes, la actitud de los abuelos tenderá a ser sobreprotectora y compensatoria, tanto con los nietos como con el hijo o hija enfermos, y dependiendo de la causa que ha provocado la situación, podrán sentir cierta impotencia y malestar por la manera de actuar antes de que se produjera la situación en la que se encuentran. Así, en caso de accidentes, es frecuente que incluso se tienda a culpar a la persona que lo ha sufrido, considerándola casi responsable de las repercusiones que ha tenido en la familia, lo que acaba generando un sentimiento de culpa colectivo que impide mejorar las relaciones y la forma de afrontar la nueva situación.

Por ello, los abuelos considerarán que su apoyo es imprescindible y, a menudo, muy por encima de sus posibilidades físicas o de salud.
Según las personas que constituyan el núcleo familiar, y siempre que no afecte a ambos padres de igual manera, podrá favorecerse una vivencia más positiva y con una respuesta de cooperación entre los abuelos y los adultos próximos. De todos modos, también será preciso el apoyo de un profesional para poder gestionar algunas de las situaciones hasta que no exista autonomía suficiente por parte de los nietos, dada la complejidad de la situación y la edad.

Necesidades por razones legales (dependencias, problemas con la justicia)

Una de las situaciones más complejas para los abuelos es cuando deben actuar como sustitutos legales de sus propios hijos y se convierten en responsables de la educación de sus nietos.

Se suman diferentes aspectos, todos ellos con una carga afectiva muy intensa. Por un lado, el dolor de ver a sus hijos en situaciones de gran vulnerabilidad personal y social. Por otro lado, es inevitable que tengan cierta sensación de fracaso en su papel educativo ante las conductas de sus hijos, lo que les genera inseguridad con respecto a sus competencias educativas con sus nietos y un claro sentimiento de culpa por no haber podido detectar o evitar los riesgos y controlar las circunstancias que han conducido a sus hijos a la situación en la que se encuentran. Este sentimiento de culpa y responsabilidad les lleva a considerar que deben estar a disposición de sus nietos, aunque advierten grandes dificultades, al ser conscientes de la distancia generacional que existe entre ellos y la posible inadecuación de sus patrones educativos y de su intervención. Por otra parte, piensan o suponen que sus nietos pueden responsabilizarlos de su situación, lo que genera gran inquietud y cierta desconfianza.

En el momento en que asumen la educación de los nietos, quieren responder de forma positiva y adecuada, para que no se repita la experiencia que están viviendo sus hijos, lo que en muchos momentos choca frontalmente con las demandas de los nietos, quienes se sienten también víctimas de la situación por la pérdida total o parcial de los padres. Este momento de fragilidad comporta tensiones, inestabilidad emocional y, en muchos casos, en el comportamiento, y se vivirá como una dificultad añadida, ya que en muchos casos se exigen unas respuestas no siempre adecuadas a la edad y se crean situaciones de chantaje afectivo que dificultan las relaciones.

Aunque debe existir cierto apoyo asistencial o profesional, las relaciones entre nietos y abuelos, en situaciones de la vida cotidiana y en los momentos en que hay que tomar decisiones y dar respuesta a las demandas infantiles y adolescentes, tendrán un grado de dificultad que, en algunos casos, puede ser difícil de gestionar y en muchos momentos creen no tener la suficiente fortaleza para retomar el papel educativo de acompañar a unas personas que se están desarrollando y que requieren mucha dedicación, energía y un estado de ánimo positivo, debido a las vivencias que han experimentado con sus propios padres.

Necesidades permanentes por la muerte de los hijos

Finalmente, no se puede obviar el dolor que pueden experimentar los abuelos como responsables de la educación de sus nietos, debido a la muerte de los hijos, especialmente si esta circunstancia tiene lugar con el padre y la madre de sus nietos, o bien en el caso de la defunción de uno de ellos y la dificultad de reaccionar de la persona que debería continuar el proceso educativo.

Los abuelos solo deberían responsabilizarse de la educación de los nietos en situaciones *muy particulares*, aunque ello conlleve graves repercusiones en la dinámica familiar.

Aunque afortunadamente no se trata de una situación demasiado frecuente, tampoco es tan inusual y debe ser valorada debido a las dificultades emocionales que para los abuelos comporta la pérdida de un hijo, así como las repercusiones de todo tipo para los nietos y unos sentimientos difíciles de expresar por parte de todos y en los que se mezclan sentimientos de culpa por haber sobrevivido, acusaciones inconscientes y un cúmulo de tensiones que, en muchos momentos, van a dificultar las relaciones y la aceptación del papel educativo. A esto se añade la inquietud de los abuelos debido a su edad y su salud y la edad de los nietos, lo que les hace valorar los riesgos ante una posible mayor dificultad para atenderlos.

SABER +

En los abuelos aparece una paradoja, ya que mientras que existe el deseo de compartir la vida con los hijos y, especialmente, con los nietos, para disfrutar de su despertar ante la vida y su desarrollo, y apoyarlos en su educación, también existe el deseo de poder dedicar cierto tiempo a satisfacer sus propios intereses y necesidades, ya que se encuentran en una etapa que, si bien se vive con ilusión, genera gran temor por tratarse de la recta final de la existencia.

Escuchar los temores de los abuelos

Es evidente la predisposición afectiva y de apoyo de los abuelos hacia los nietos, situación que ya vivieron antes con sus propios hijos, cuando les correspondía la responsabilidad educativa. Este papel de acompañamiento y responsabilidad no se transforma o reduce con el tiempo, ya que siempre ven en sus hijos a unas personas a las que deben proteger, en la medida de lo posible, del mismo modo que deben comprenderlos y ayudarlos, considerando sus demandas casi como una obligación, y sus deseos una necesidad. Así, aunque los hijos no les soliciten ayuda, los abuelos la consideran una oportunidad para mostrar un acercamiento, así como apoyo y, en cierta medida, una forma de sentirse útiles para los hijos y los nietos.

Por este motivo, no es de extrañar que si los abuelos viven en algún momento una situación favorable, si tienen mayores recursos que sus hijos o sus nietos o un momento de fortuna piensen en cómo compartirla con ellos. Por otro lado, si se encuentran en un momento de debilidad, pueden no comentarlo o banalizarlo para no agobiarlos, darles más trabajo añadido o preocuparles.

Estas actitudes, vinculadas al proceso vital y al papel generacional, deben tener una contrapartida en los hijos que, por ser personas adultas, tienen que responder de forma equitativa y responsable. Se dice que la generosidad de los abuelos no despierta necesariamente la generosidad de sus hijos, sino que, en muchos momentos, ha potenciado su egocentrismo, lo que provoca que continúen las demandas de ayuda y colaboración sin considerar las necesidades de los abuelos.

Del mismo modo, cuando aparece una situación de fragilidad de los abuelos, su acompañamiento no está asegurado, no por falta de recursos, sino por actitud y por la necesidad de dedicación y apoyo que, de alguna manera, no estaba prevista y que exige unas renuncias y cambios en la dinámica familiar. Al comentario de «¿Por qué no lo decías?», cuando ya no hay tiempo para solucionar la situación ni intención de verla, se añaden «Ahora no podemos», «Tenemos exigencias laborales», «Ya pasaremos más tarde» o «Ya vendrá una persona a cuidarte».

Se trata, pues, de valorar la comprensión de los hijos hacia sus padres, los abuelos, y de proporcionar la compañía necesaria y deseable en su proceso vital. La forma en que se establezcan estas relaciones de reciprocidad y de reconocimiento del apoyo recibido en las primeras etapas de la vida, de las relaciones establecidas con la llegada de los nietos, los intereses de unos y otros, así como las responsabilidades asumidas, posibilitará la construcción de un espacio relacional positivo para toda la familia.

Los nietos, que han recibido de sus abuelos un cariño incondicional, deben aprender a acompañar a los abuelos cuando estos sean más frágiles.

Se trata de dar y de escuchar, también a los abuelos, así como de comprender su visión, compartir sus temores y sus necesidades como una forma de compartir todas las etapas de la vida, lo que constituyen un aprendizaje y un modelo para los nietos. No se trata de comentar las exigencias de los abuelos ni de la compañía de hijos o nietos, sino de valorar las necesidades y los deseos.

Longevidad, calidad de vida y necesidades

Los cambios científicos que han tenido lugar en las sociedades más desarrolladas han repercutido en una mayor salud y una mejor calidad de vida, a la vez que han permitido modificar de forma positiva la visión que se tenía de la vejez.

Los primeros beneficios han repercutido en la longevidad y en los recursos utilizados para potenciar no solo que se viva más, sino que también exista una mayor calidad de vida.

Los cuidados y los controles médicos son habituales con el fin de conservar la salud y no tan solo por cuestiones relacionadas con las enfermedades. Por ello, las revisiones son más periódicas, tanto aquellas más exhaustivas como las que son propias de la edad. Así, la movilidad, los sentidos (visión, audición) y los aspectos cognitivos (memoria, nuevos aprendizajes) y afectivos (bienestar emocional, salud mental) se encuentran en estos momentos entre los aspectos centrales relacionados con el proceso de envejecimiento. En este sentido, se ofrecen múltiples recursos y actividades para su mantenimiento, así como para retrasar el deterioro propio de la edad.

Los objetivos de estos controles y su seguimiento se centran más en ofrecer orientación para garantizar un cuidado de calidad en el campo de la alimentación y la actividad física. Asimismo, se ofrece ayuda para potenciar el bienestar, pero no como sustitución del cuidado necesario que cada persona debe tener, sino encaminada al bienestar psicológico, básico desde la perspectiva individual y relacional.

La vida de los abuelos no finaliza ni con el fin de la actividad laboral ni con el apoyo que puedan ofrecer a sus hijos en el cuidado de los nietos. Indiscutiblemente, la llegada de los nietos abrirá nuevas oportunidades en su vida, así como nuevas alegrías, pero la forma de dar respuesta a las necesidades educativas y de cuidado deberá ser valorada y considerada de manera que el tiempo que los abuelos concedan al cuidado de sus nietos no repercuta de manera negativa ni en las relaciones con sus hijos, ni con los propios nietos, ni en su proyección profesional o sus necesidades personales.

Los abuelos tienen su propia trayectoria vital, y el momento que están viviendo, según las circunstancias personales, tiene gran influencia en su vida futura. Así, muchas de las oportunidades del presente difícilmente tendrán una réplica en el futuro por razones de oportunidad o de salud. Por ello, es importante que no se produzca una renuncia absoluta a su contexto, actividades y posibilidades de vivir experiencias y aprendizajes que faciliten su calidad de vida y respondan a sus intereses individuales y colectivos.

SABER +

Las expectativas de una mayor longevidad y calidad de vida no evitan la inquietud ante la perspectiva de futuras necesidades y cuidados físicos y afectivos, por lo que existe cierta inseguridad en los abuelos en cuanto a si podrán contar con la comprensión, el interés, la ternura y la proximidad por parte de los hijos y de los nietos.

> Es importante que los abuelos mantengan un espacio personal para que puedan realizar actividades que les hagan sentirse bien.

Lógicamente, la propia trayectoria personal ha potenciado, durante su vida, relaciones de afinidad entre personas de diferentes contextos con las que continuarán compartiendo, en esta etapa, nuevas oportunidades. En este sentido, y aunque los modelos de vida y los intereses sean diferentes entre unas personas y otras y la experiencia profesional no tenga ningún punto en común, el papel de abuelos y la proximidad de los cambios que se van a producir por cuestión de edad, además de algunas experiencias propias de esa etapa vital, les va a permitir compartir puntos de vista, formas de afrontar los retos y nuevas perspectivas desconocidas.

Aunque no es fácil en estos momentos entablar nuevas amistades porque de alguna manera cada persona preserva su identidad y no hay demasiado lugar para los cambios o las renuncias, los múltiples lugares de encuentro por razones culturales, por formación o por actividades que potencien la salud son un recurso al que los abuelos deben tener acceso y se les debe motivar para que participen en ellos.

El grupo de personas de su edad o con sus mismos intereses es muy importante para los abuelos, como de alguna manera lo es para todas las etapas de la vida, en que, por vivir unas circunstancias o unas necesidades muy parecidas, se buscan las complicidades y la comprensión de otras personas que se encuentran en la misma situación como a menudo se comenta con respecto a los adolescentes u otros grupos específicos.

El dilema que se les presenta a los abuelos es poder responder de forma satisfactoria al verse obligados a decidir entre sus deseos y necesidades o satisfacer la necesidad de apoyo de sus hijos. Aquí, la imagen más frecuente es la de mayor vulnerabilidad que seguridad en sus propios recursos y competencias, y, en este sentido, sus intereses culturales y de aprendizaje en algunos momentos se consideran un capricho y un deseo que no tiene sentido por su edad y que por tanto no se valoran como útiles y necesarios.

¿Cómo se ven?

Cuando se habla de los abuelos es inevitable pensar que se encuentran en la etapa final de su vida, un periodo que se percibe de manera completamente distinta dependiendo de la edad, la salud o las relaciones que se establezcan con personas de la misma edad.

Asimismo, cabe pensar que no todas las personas viven esta etapa de igual manera y que la posible satisfacción sobre la trayectoria vital, las creencias y el lugar en la vida y, sobre todo, el hecho de disponer de la compañía afectiva y emocional de hijos y nietos son condicionantes claros de la forma de sentir y de ver este momento, lo que repercute claramente en el equilibrio psicológico.

La imagen que puedan tener de la vejez y papel rol de abuelos vendrán determinados por la imagen que los hijos y los nietos tengan de ellos, así como por la consideración, el respeto, la comprensión de las propias decisiones, la manera de organizarse y de cómo querer vivir este momento, hechos que determinarán claramente su autoestima y la forma de afrontar esta etapa con una perspectiva positiva. Con esta compañía, las inquietudes que progresivamente irán apareciendo en esta edad podrán afrontarse con serenidad y vivirse de una manera más positiva. Las renuncias lógicas a cierta autonomía, lograda con el uso de los medios de transporte, así como la pérdida progresiva de ciertas habilidades, las limitaciones que pueden aparecer, la desaparición de personas próximas y la percepción de la propia vulnerabilidad son factores que aumentarán los temores en relación al futuro, a la soledad y a las propias posibilidades, fuerzas y obligaciones.

Las inquietudes que van apareciendo durante la vejez, como los problemas de movilidad, pueden afrontarse de forma positiva si se cuenta con la comprensión y el apoyo de hijos y nietos.

La aceptación de las limitaciones y las oportunidades para recibir apoyo de los hijos y de los nietos reducirán la angustia ante la pérdida progresiva e inevitable de su independencia. Será esencial poder demandar ayuda y afrontar con serenidad los recursos que les puedan ofrecer para evitar el sufrimiento y favorecer la comunicación, el afecto y la calidad de vida.

Unos buenos consejos

Comer sano

- Si es posible, coma frutas y verduras en cada comida. Si le apetece, puede mezclar varias frutas.
- Escoja verduras y frutas frescas o, en su defecto, congeladas. Evite los alimentos enlatados.
- Coma verduras tanto crudas como parcialmente cocidas. Ambas son beneficiosas para el organismo.
- Más de la mitad de las calorías totales debe provenir de las frutas, las verduras y los alimentos con fibra.
- No coma comidas grasas, excepto de pescado.
- Coma pescado con frecuencia.
- Incorpore a sus comidas alimentos integrales. Recuerde que el arroz integral tiene más nutrientes y más fibra que el arroz regular. Empezar el día con cereales le ayudará.
- Incluya en sus platos alimentos con grasas Omega 3 como el salmón, las sardinas o las nueces hasta dos veces en semana.

Hacer ejercicio

- Planificar una actividad diaria moderada, como caminar o ir en bicicleta, es fundamental para estar en buena forma.
- El ejercicio regula el apetito, ayuda a dormir mejor, es un buen remedio para la migraña y los dolores de cabeza, hace sentir física y psicológicamente bien y ayuda a bajar la presión arterial.
- Aumenta la flexibilidad, la movilidad y la resistencia.
- El ejercicio es bueno para los huesos. El riesgo de caídas y de fracturas disminuye. Haga ejercicio a menudo pero con moderación; adapte el ejercicio a su condición y rutina diaria.
- El ejercicio aumenta el tamaño y la fuerza de los músculos. Tener las articulaciones más fuertes ayuda a mantener la movilidad y la capacidad para cargar paquetes y jugar con los niños.
- Las hormonas de crecimiento crean nuevas células en el cerebro, por lo que la memoria y la capacidad cognitiva mejoran.

- La capacidad pulmonar y cardiaca aumenta, hecho que permite estar más activo.
- Escoja ejercicios y actividades que resulten agradables. Si le supone un sobreesfuerzo, debe cambiar de actividad o moderar la intensidad.
- Ir de compras, subir y bajar las escaleras en lugar de coger el ascensor, ir a pasear en bicicleta, ir a buscar a su nieto al colegio como si de un paseo se tratara también son formas de realizar ejercicio.
- No haga ejercicio con el estómago lleno. Tampoco en ayunas.

En realidad, no deje de realizar todas aquellas actividades que le resultan más agradables, como leer un buen libro, quedar de vez en cuando con los buenos amigos para charlar o para ir al cine o al teatro o a hacer una excursión. Todo el o contribuirá a que se sienta feliz y activo.

Cuidar la espalda

- Mantenga una buena postura cuando vaya a levantar a su nieto.
- Arrodíllese o siéntese cuando haga alguna actividad en el suelo.
- Evite agacharse para no crear tensiones en la espalda.
- Al levantar a un niño o un peso, agáchese desde las rodillas y no desde la cintura.
- Cargue a un niño o un paquete cerca de su cuerpo, no a distancia, y agáchese cuando tenga que soltarlo.
- Para mover un objeto grande y pesado, pida ayuda siempre que sea posible. Evite los sobreesfuerzos bruscos e innecesarios.

Mirar al futuro. Las abuelas de hoy y las de mañana

Mirar al futuro. Las abuelas de hoy y las de mañana

No es posible analizar el papel de los abuelos sin realizar una mirada global a las abuelas de principios del siglo XXI en cuanto que existen ciertas circunstancias que no se pueden repetir o al menos no en la misma medida. Como en la mayoría de colectivos, siempre hay algunos puntos que no permiten la generalización, por lo que posiblemente ninguna abuela pueda reconocerse por completo, aunque lo que se pretende es que no se sienta ignorada y que en muchos casos pueda identificar situaciones, momentos y circunstancias vividas. Se pretende reconocer y valorar su generación.

Por qué hablar de las abuelas y no de los abuelos en general

Cuando se habla de los cambios sociales en general, a menudo se piensa en los cambios desde el punto de vista laboral, profesional, económico, de ocio, tecnológico y sanitario y, ciertamente, son los que han marcado un cambio significativo en la sociedad. Ahora bien, no son menos significativos, aunque sí más silenciosos, los cambios que se han producido en las oportunidades para las niñas y jóvenes, madres ahora y abuelas en el futuro, tanto desde el

Los cambios sociales que han afectado a las mujeres en los últimos años se reflejarán en las abuelas del mañana.

punto de vista de la formación como del espacio que se está abriendo en una sociedad que quiere ser más justa y paritaria.

¿De qué cambios podemos hablar y en qué repercuten?

Si observamos de manera global la actual generación de abuelas, podremos ver que estos cambios sociales conducirán a un nuevo modelo de abuela, que deberá redefinirse y del que serán protagonistas en mayor medida las madres y los padres actuales. Por ello, es importante que puedan plantearse con cierta profundidad la manera en que están educando a sus hijas e hijos y cómo están asumiendo su papel educativo parental en el presente y cómo asumirán en un futuro el de abuelos.

Un planteamiento general tiene como objetivo introducir unos elementos de análisis que puedan ser valorados de forma amplia y que permitan realizar propuestas de mejora y de cambio en aquellos aspectos que puedan incidir de forma positiva en el proceso de desarrollo de las personas, en su realización personal y en la convivencia entre generaciones. Lógicamente, ningún análisis debe entrar en contradicción con las circunstancias u opciones que cada persona quiera asumir. Así, cada persona ejercerá su papel en el contexto familiar en el que vive, de común acuerdo con las personas con las que comparte su vida. Asimismo, hay que destacar que no debe existir un modelo único de familia.

Breve visión histórica a las abuelas actuales

Posiblemente, muchas de las circunstancias que han vivido la mayoría de las abuelas actuales no se podrán repetir en el futuro. También es cierto que todas las personas no vivieron las mismas circunstancias personales y sociales, por lo que las afirmaciones tienen la validez de ser aplicables a un porcentaje significativo de esta generación. Las personas que quizás hayan vivido situaciones diferentes o más positivas, no obstante, también advertirán que tienen muchos aspectos en común. Del mismo modo, cabe considerar que en muchos países son aún las circunstancias las que determinan el papel de abuelas de una parte importante de su generación.

Oportunidades y acceso a la formación

Las oportunidades de formación que tuvieron las abuelas actuales cuando eran niñas fueron bastantes limitadas. La escolaridad, además de no ser un derecho universal, era obligatoria solo hasta los 14 años. Ya a partir de los 10 años se iniciaban unos itinerarios formativos que conducían a estudios diferenciados, y la mayor parte de la población, especialmente la femenina, accedía a opciones que a los 14 años permitían el acceso al mundo laboral. También era posible comenzar a trabajar antes de los 14 y no era excepcional que las niñas se hicieran cargo de sus hermanos o realizaran las tareas domésticas, mientras los adultos trabajaban. Esta situación continúa vigente en muchos países y en no pocos colectivos de nuestro entorno.

La escolaridad de las niñas que ahora son abuelas fue muy limitada y se orientaba al cuidado de la familia.

Si hablamos de los chicos, las oportunidades eran mayores. Las limitaciones eran las propias de la época y del tipo de trabajo y formación necesaria para desempeñar los oficios o las profesiones del momento. Las oportunidades para acceder a los estudios universitarios se decantaban claramente a favor de los chicos, por lo que el perfil del alumnado de los estudios superiores y universitarios era básicamente masculino.

Oportunidades de promoción laboral

La promoción laboral de los hombres era también mucho mayor que la de las mujeres, debido a la formación recibida y porque los cargos de responsabilidad en todos los sectores profesionales en las empresas, y en las ramas de la sanidad, la educación o, en general, en el mundo laboral eran ocupados de manera mayoritaria por los hombres. Las mujeres que trabajaban fuera del hogar ocupaban puestos de trabajo para los que se precisaba poca cualificación, y que por tanto tenían menor relevancia y estaban peor remunerados que los de los hombres.

Al ser minoritario el acceso a los estudios superiores o a una formación más cualificada, las oportunidades de proyección profesional se reducían, así como las posibilidades de promocionarse y de encontrar actividades mejor remuneradas y más satisfactorias.

Las posibilidades de acceder a mayores recursos no eran viables ni por razones económicas ni por cultura o oportunidades y las obligaciones estaban estrechamente relacionadas con el hogar tanto por cuestiones domésticas como por el cuidado de las personas: hijos, marido y padres, e incluso otros famliares que, por distintas razones, vivieran en el hogar. Los hijos varones en muy raras ocasiones ayudaban en las tareas domésticas.

¿Quién afrontó las obligaciones del cuidado de la familia?

Las oportunidades de disfrutar de independencia personal pasaban, de forma mayoritaria, por el matrimonio. Esta oportunidad se consideraba lógica a partir de los 20 años y tenía que resolverse antes de los 30 años, edad en que la mujer ya era muy mayor para tener en cuenta esta opción. Así, las opciones personales se centraban nuevamente en el hogar, ya que existían obligaciones domésticas y del cuidado de las personas (hijos, marido y, en muchos casos, los abuelos, ya que por edad necesitaban estos cuidados), que se asociaban a la mujer, aunque tuviera, como el hombre, unas obligaciones laborales fuera del hogar. La jornada de trabajo era, pues, amplia y ardua. La ayuda que podía tener la mujer para satisfacer todas estas responsabilidades recaía de manera temprana en la figura de las hijas, quienes debían ayudar a la madre porque no podía hacerse cargo de todo, incluido el cuidado de la ropa. Así, aprender a cocinar, la limpieza, la compra, la costura, la organización de la ropa e incluso el cuidado de los hermanos pequeños eran tareas que se debían compartir. Los hijos no debían asumir estas tareas, incluidas las relacionadas con sus propias necesidades, que eran realizadas por las hermanas.

Los cambios y las nuevas oportunidades

Tras todo esto, la sociedad se va abriendo paso a los cambios a un ritmo vertiginoso, algo que entusiasma a las generaciones más jóvenes y que crea nuevas necesidades de promoción no solo desde el punto de vista laboral y profesional, sino también personal. ¿Qué oportunidades surgieron para esta generación de mujeres?

Este cambio, aunque rápido en algunos ámbitos, resulta más lento en lo que se refiere a los aspectos profesionales y organizativos de la familia, ya que choca, de alguna manera, con los modelos sociales generales, que frenan el cambio de actitudes, por lo que, en muchos momentos, y desde algunos puntos de vista, se ha llegado a considerar que los cambios no son necesarios, puesto que ya existe una voluntad de las propias mujeres para continuar con el modelo existente, alegando cuestiones innatas e instintivas más que culturales y educativas. De todas maneras, esta mayor apertura del mundo tanto para las mujeres jóvenes como para los hombres va dando paso a mayores cambios, que se traducen básicamente en el mundo de la educación y el acceso a una serie de recursos también reservados a los hombres, como sería el caso de la mayor autonomía horaria, viajes, disponer de automóvil, poder decidir en materia de matrimonio, etcétera.

Acceso a la formación

El continuo debate acerca de las oportunidades y necesidades de formación tiene repercusiones incluso en la educación básica. Se amplía el periodo obligatorio de escolarización, ya que se considera una oportunidad. Aumenta el acceso de las mujeres a los estudios superiores, por lo que el perfil del alumnado en las universidades, en los ciclos formativos superiores y en profesiones cualificadas va cambiando y pasa de ser prácticamente masculino a ser también femenino y, en algunas profesiones, como en los campos sanitarios, la educación y el cuidado de las personas mayores, marcadamente femenino. Este cambio fue también factible porque las madres (abuelas actuales) quisieron que sus hijas accedieran a esta formación para que tuvieran las oportunidades de las que ellas no disfrutaron, con lo que renunciaron a su ayuda en el hogar y a que esta situación se perpetuara a través de los años.

Promoción profesional

Paralelamente, se producen los cambios lógicos de acceso a mayores oportunidades profesionales y el perfil va cambiando lentamente. El primer trabajo no es satisfactorio, con lo que se precisa continuar la formación y, aunque exista mayor autonomía, la creación de un nuevo hogar se demora y ya no es la opción necesaria para conseguir independencia, con lo que la permanencia en el hogar familiar se prolonga considerablemente, lo que implica que los padres tengan que ofrecer su apoyo durante más tiempo antes de que el hijo pueda asumir las propias responsabilidades económicas.

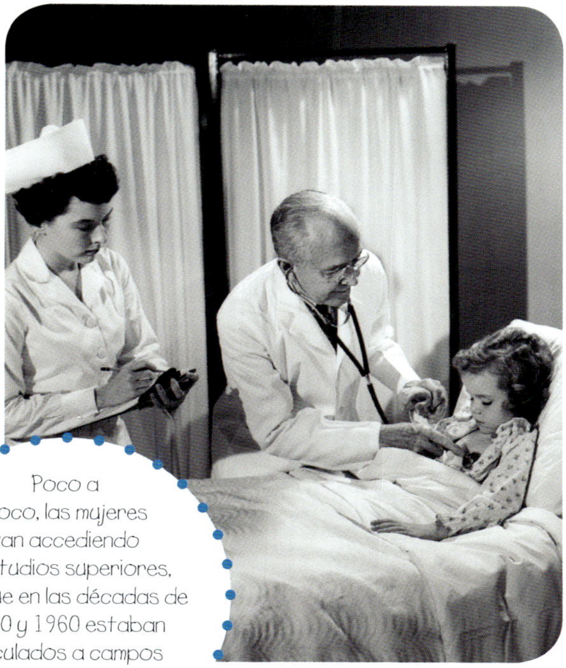

Poco a poco, las mujeres van accediendo a estudios superiores, aunque en las décadas de 1950 y 1960 estaban vinculados a campos sanitarios o educativos.

En la medida en que se puede acceder a estas oportunidades se pone en evidencia que deben ir acompañadas de cambios de perspectiva y de actitud, lo que constituye un proceso mucho más lento. Los puestos de responsabilidad continúan básicamente en manos masculinas; la remuneración no es paritaria, en muchos casos, si quien trabaja es hombre o mujer; la precariedad laboral continúa asociada de forma más significativa a las mujeres y la condición femenina (maternidad y cuidado de las personas mayores) continúa siendo un obstáculo para la promoción profesional.

Ocupar los puestos de responsabilidad en una sociedad organizada a partir de la distribución de papeles, transmitida a lo largo de las generaciones, y con la carga simbólica global que conlleva, exige un proceso educativo explícito y profundo para que pueda repercutir en un cambio de actitudes colectivas, porque los cambios conllevan pérdidas de poder, la asunción de responsabilidades diferentes, otorgar un espacio para poder tomar decisiones sin juicios de valor previos y ofrecer oportunidades

En la actualidad, los campos profesionales de las mujeres se han ampliado y ejercen actividades que antes eran consideradas de perfil masculino.

colectivas para que los cambios no se estigmaticen y no se generen sentimientos de culpa de las personas que quieren abrir nuevos caminos porque ven que desplazan a otras que tenían el lugar garantizado. Las madres viven todo esto como una limitación para sus hijas, con lo que favorecen su acceso, de forma que su experiencia no vuelva a repetirse, por lo que no les es posible aprovechar muchos de estos cambios para su propio beneficio.

La tímida equidad en las obligaciones familiares

Las cuestiones domésticas acaban siendo uno de los problemas principales de los que las abuelas no pueden liberarse. Por un lado, van viendo, con agrado, las ventajas de las que podrán disfrutar sus hijas y, por otro, las posibles repercusiones y dificultades que estos cambios comportan para ellas, aunque, sin duda, los viven de forma positiva debido a la mejora que representa para las nuevas generaciones.

Las repercusiones, a nivel doméstico, no tardan en llegar, ya que, como tienen mayor formación, las hijas se alejan del hogar y las madres continúan asumiendo las obligaciones, pero con más exigencias, ya que los hijos van creciendo, aunque, sin embargo, no participan en la satisfacción de sus propias necesidades, donde se incluyen unos horarios más amplios, equipos de deporte y dietas específicas, entre otras cosas. Además, ni cuentan con tiempo ni tienen interés en asumir las tareas domésticas, que, por otro lado, son rutinarias y carentes de interés.

¿Qué sucede en la actualidad?

Este breve recorrido a lo largo de las vivencias de esta generación de abuelas tenía por objetivo mostrar el camino realizado casi en silencio y el estado de ánimo que pueden tener las abuelas actuales ante las necesidades de sus hijos y de la misma la sociedad en cuanto a su participación y responsabilidad en la educación de sus nietos.

¿Qué se está pidiendo y a quién?

Estas abuelas, que en muchos casos continúan con sus obligaciones laborales, que tienen sus responsabilidades domésticas, ya que en la mayoría de los casos su hogar no se ha estructurado de forma paritaria con el abuelo, y que en algunas ocasiones tienen que hacerse cargo del cuidado de sus padres, ven la necesidad de ayudar a sus hijas, que han abierto un espacio al que ellas no pudieron acceder.

¿Qué repercusiones tiene para ellas el camino que han elegido sus hijas e hijos? ¿Qué consecuencias positivas suponen estos cambios para ellas? En principio, la repuesta, en cuanto a más obligaciones, no se hace esperar. Llegan los nietos en un contexto en que las madres ya tienen mayor formación, más cualificación profesional y más responsabilidades laborales y profesionales, y las exigencias en cuanto a horarios en el trabajo las alejan del hogar y de las necesidades de sus hijos, con lo que piden ayuda a las abuelas. Esta demanda de apoyo en el cuidado de los nietos entra en contradicción con sus propias obligaciones laborales, sus deseos y sus necesidades, con lo que comporta de exigencia personal y educativa, ya que se le pretende exigir que apoye en la educación de los nietos siguiendo unos criterios que no siempre comparte o que, por diferentes motivos, no se ha enseñado a los nietos. De nuevo, pues, surge una responsabilidad y una valoración de su papel en la ayuda a la educación de los nietos. Este es otro de los aspectos con los que las abuelas se encuentran y que, además de no ser satisfactorio, crea cierto sufrimiento. A las dificultades reales propias de la demanda de los nietos se asocian las exigencias de sus hijos, cuando ante actitudes o conductas poco aceptables de los pequeños consideran que las causas residen en la sobreprotección de las abuelas, la falta de límites o su escasa exigencia.

Simbólicamente, pues, se encuentran con una responsabilidad que les atribuyen y a la que, por educación, por experiencia o por dificultades para continuar oponiéndose, no pueden ni deben responder, cuando su papel debería ser de compañía y no de exigencia.

Sin la pretensión de realizar una lista exhaustiva de las circunstancias vividas, los agravios, las demandas o las reivindicaciones, puede ser interesante valorar las posibles situaciones con las que se han encontrado la mayoría de las abuelas actuales.

De manera tímida, buscan complicidad en otras personas que hayan vivido su misma experiencia, y en el momento en que estas situaciones son verbalizadas, reconocidas y valoradas por personas ajenas a su generación o a su entorno, la mirada de agradecimiento es inmediata y la posibilidad de poder compartir y encontrar cierta complicidad les satisface. Posiblemente ninguna situación podrá atribuirse a una única persona, pero sin ser exhaustiva, esta lista recoge la casuística más frecuente:

- No han tenido ni tienen a las hijas para el relevo de sus obligaciones, debido a las oportunidades educativas y de promoción que les han ofrecido.

- No han podido acceder a la promoción laboral por falta de formación.

- Continúan con las obligaciones domésticas, porque el cambio de actitud, la paridad en las responsabilidades domésticas y la igualdad entre sexos es muy reciente y no ha tenido las repercusiones que tímidamente se están viendo y que podrán ser mayores en un futuro.

- Los maridos, los abuelos, cuando se jubilan no participan de forma paritaria y en muchos momentos, por educación y actitud, no consideran que este cambio sea necesario, porque toda la vida han vivido otros papeles y, en algunos casos, para ellos es una pérdida de su papel sin valorar el derecho de la abuela.

- No ha existido un papel compartido en la educación de los hijos por parte de los padres. En el mejor de los casos se ha ofrecido cierta ayuda, pero el papel no ha sido equitativo.

- Existe un deterioro de su salud y pocas oportunidades para su cuidado.

- Los hijos necesitan ayuda para resolver muchas situaciones a las que la juventud no se ha acercado: cocinar, coser, limpiar, etcétera.

- No tienen facilidades para acceder a muchos de los cambios que se producen (culturales, tecnológicos, conducción, Internet, etcétera) a causa de una opinión generalizada que atribuye dificultades a las personas de cierta edad, lo que genera la consiguiente impotencia, y con ello desánimo, alejamiento y desinterés.

- Aparecen los hijos con los nietos y una serie de obligaciones en cuanto a horario y responsabilidades educativas: comer, dormir y desplazamientos que en muchos momentos chocan con los criterios de los padres.

- Los nietos no siempre actúan con respeto o valoran a los abuelos, sino que los desprestigian por no comprender sus demandas, su manera de actuar o sus conocimientos, que no están vinculados a la

Gracias a los padres, y en especial a las madres, las mujeres de hoy han conseguido tener una vida personal y profesional más satisfactoria.

tecnología, e interpretan como señal de debilidad las renuncias a sus demandas.

Hemos visto que los hijos y las hijas han tenido, gracias a sus padres, unas oportunidades que les han permitido una vida personal y profesional más completa y satisfactoria. ¿Por qué no llegan para las abuelas las mejoras en su vida cotidiana? ¿Es que llegaron tarde para poder disfrutar y recibir los beneficios de tantos cambios? Y, ¿cuándo recibirán el reconocimiento que merecen.

¿Quién piensa en ellas? ¿Qué comprensión y ayuda reciben? ¿Y qué ocurre con las críticas y la incomprensión acerca de la posible sobreprotección que ofrecen a sus nietos? ¿Tienen el respeto y el descanso que merecen? ¿Quién las cuida y mima?

UN PEQUEÑO CONSEJO

Las exigencias que se hacen a los abuelos y, de forma especial a las abuelas, sobre la educación de los nietos, además de ser inadecuadas, les generan sentimientos de culpa y de malestar. Es a los padres a quienes les corresponde establecer las pautas educativas necesarias para que el comportamiento de los pequeños sea adecuado en sus responsabilidades o en las situaciones cotidianas en las que reciben apoyo de los abuelos: comer, dormir o tareas escolares. No les corresponde resolver las dificultades de los nietos en estas áreas, sino tan solo acompañarlos para ayudar a los padres.

¿Cómo serán las abuelas y los abuelos en 2050?

¿Cómo serán las abuelas del futuro? ¿Cómo deben ser? ¿Qué proceso habrán seguido los padres actuales, cuando el punto de partida y su experiencia parental es tan diferente de los que tuvieron los abuelos?

Lógicamente, nada es repetible, y las nuevas generaciones sabrán encontrar alternativas, aunque aparecen ciertos interrogantes precisamente por la demanda de los padres para recibir apoyo de los abuelos, teniendo presentes el ritmo de vida y las actividades que se realizan en el grupo familiar, tanto en la infancia como en la adolescencia.

Si consideramos que:

- A las reuniones de padres en las escuelas continúan asistiendo de forma mayoritaria los abuelos.

- Un importante número de abuelos y abuelas van a recoger a sus nietos al colegio.

- Cada vez más centros educativos solicitan la presencia de las abuelas, ya que consideran que se trata del referente más estable en la educación de los nietos.

- Muchas parejas ya consideran a los abuelos uno de los recursos básicos con los que podrán contar para cuidar a los hijos.

No obstante, cabe dudar de si los padres actuales, en el momento en que sean abuelos, querrán renunciar a las oportunidades que han descubierto y a las experiencias que tendrán a su alcance. Muchos de estos recursos se convertirán en una posibilidad a la que será difícil renunciar.

Si han tenido una vida satisfactoria y exigente a nivel profesional y no han dedicado demasiado tiempo al cuidado de sus hijos, debido a sus obligaciones personales o profesionales, y han contado con el apoyo de los abuelos, ¿van a permanecer en casa para reproducir el modelo de los abuelos actuales, para que los hijos gocen de libertad? ¿Ofrecerán tantas oportunidades a sus hijos como les han ofrecido a ellos? ¿Considerarán lógica esta situación? ¿O querrán continuar aprovechando los recursos que les ofrece su profesión, su experiencia vital y el acceso al amplio mundo?

Por otra parte, ¿qué aprendizaje y experiencia han tenido con sus hijos como para cuidar a los nietos? Su mirada ha estado, en muchos momentos, muy alejada de la vida cotidiana. Sus experiencias a nivel doméstico no son las que tuvieron las abuelas, pero continúa siendo básico poder satisfacer las propias necesidades, así como las de los hijos que van a llegar. El ritmo de vida, las exigencias de un buen funcionamiento, hacer los deberes y responder a sus demandas de consumo pueden no ser suficientes para reforzar los vínculos afectivos necesarios de cara a una convivencia y a un afecto propios de padres e hijos.

Además, cabe considerar también la actitud de los nietos si no han tenido mucho apoyo de sus padres. ¿Cómo van a vivir la pérdida de sus abuelos si son, para ellos, un referente importante en su cuidado emocional, escolar y doméstico? ¿Van a sentir su muerte como si fuera la de sus padres y van a ver a sus padres solo como unos adultos que los acompañan? ¿Van a comprender que las múltiples responsabilidades profesionales de los padres no les han dejado tiempo para compartir los primeros años de su vida?

Finalmente, ¿tendrán los abuelos un espacio en el hogar de los hijos y recibirán los cuidados que requieran en función de la edad y de su salud? Sin duda, el tamaño de las viviendas pueden influir en su decisión, pero, en muchos casos, cuando ya los hijos se han independizado, el problema del espacio no es el factor determinante de las decisiones que se toman a la hora de asumir el cuidado de los abuelos, sino más bien la posibilidad de disponer de mayor libertad, lo que hace que esta situación se viva como una dificultad.

UN PEQUEÑO CONSEJO

Es importante una mirada global y de reflexión por parte de los padres con respecto a las demandas que hacen a los abuelos. Es importante que cada generación cumpla su papel en relación a la educación de los menores, ya que gracias a las vivencias y las experiencias se consigue el aprendizaje de los valores que representan las etapas de la vida y las formas de relacionarse en el seno familiar.

Los niños que ven cómo sus padres valoran a los abuelos aprenderán a su vez a valorar a sus padres cuando se conviertan en adultos.

Unos apuntes para una generación

Cualquier análisis, valoración, propuesta o perspectiva histórica abre interrogantes, sugerencias y oportunidades para reflexionar de manera individual o con las personas que están viviendo situaciones parecidas y, especialmente, con las personas con quienes se comparten las vivencias analizadas, lo que permite reflexionar sobre las decisiones tomadas, disponer de informaciones que permitan abrir nuevos debates, o tomar decisiones encaminadas a conseguir cambios o a mejorar la actuación.

Si este pequeño análisis puede abrir nuevos modelos sobre el papel y las responsabilidades de las abuelas del futuro sería de gran interés iniciar este proceso con las abuelas actuales para que pudieran ver cómo no pertenecen a una generación perdida, sino que, por el contrario, han consagrado buena parte de su vida y de su tiempo a que sus hijos e hijas puedan disfrutar de los cambios sociales a los que ellas no tuvieron acceso.

También sería muy importante, en la medida de lo posible, que recibieran el reconocimiento por su trayectoria y su generosidad, lo que permitiría visualizar y comprender sus deseos y necesidades y reduciría la presión que a menudo se les atribuye con respecto a la responsabilidad educativa de sus nietos, tarea, por otra parte, que les corresponde a los padres. Con ello se daría un enfoque mayor al papel que les corresponde a la hora de compartir con ellos, a su manera, y dedicarles atención sin presiones, gozando de la excepcionalidad de su mirada y de su compañía.

Estas reflexiones permitirían, al mismo tiempo, valorar los vínculos afectivos y la complicidad que debe existir entre los padres y los abuelos como contexto familiar donde los nietos crecen y aprenden cómo cada persona y cada generación responde a las demandas y deseos de los demás. Así, también se tendría la oportunidad de comprender las expectativas y los temores que los abuelos sienten en esta etapa de la vida ante las posibles dificultades de sus hijos para atenderlos en el momento en que ya no puedan ser útiles para colaborar con ellos en sus necesidades cotidianas, ya que aquello que hagan y sus actitudes condicionarán a las futuras generaciones de abuelos, los padres actuales.

SABER +

La reflexión de los padres sobre el apoyo que reciben de los abuelos y el hecho de poder reconocer su ayuda en las situaciones cotidianas, de forma flexible y sin exigencias y sin tener que asumir las responsabilidades educativas de los nietos que no les corresponden, constituye un aprendizaje para los nietos y la base para un clima de afecto entre generaciones.

Bibliografía

Ausloos, Guy, *Las capacidades de la familia,* Herder, Barcelona.

Comellas, M. J., *Los hábitos de autonomía. Proceso de adquisición. Hitos evolutivos y metodología,* Ceac, Barcelona, 2001.

— *Escola de pares,* Columna, Barcelona, 2007.

— *Escuela para padres,* Ariel, Madrid, 2007.

—*Carta a una mestra*, Edicions 62, Barcelona, 2008.

— *Educar en la comunidad y en la familia. Acompañando a la familia en el día a día,* Nau llibre, Valencia, 2009.

Forest, C.; García Bacete, F. Juan, *Comunicación cooperativa entre la familia y la escuela,* Nau llibres, Valencia, 2006.

Golombok, Susan, *Models de família, Què és el que compta de debó*, Grao, Barcelona, 2006.

Horno, Pepa, *Eduquem l'afecte,* Grao, Barcelona, 2004.

Maganto, J. M.; Bartau, Isabel, *Corresponsabilidad familiar. Fomentar la cooperación y responsabilidad de los hijos,* Pirámide Barcelona, 2004.

Meireiu, P., *La opción de educar*, Octaedro, Barcelona, 2001.

Nardone, G,; Giannotti, E.; Rocchi, R., *Modelos de familia,* Herder, Barcelona, 2003.

Perez Simó, R., *El desarrollo emocional de tu hijo,* Paidos, Barcelona, 2001.

Rotthaus Wilhem, *¿Para qué educar?,* Herder, Barcelona, 2004.

VV.AA, *Educòmetre*, DIAC, Barcelona, 2007.

Otros títulos de interés general

Giner Llenas, Marc, *Mi hijo aprende jugando*, Larousse Editorial, Barcelona, 2010

El bebé: instrucciones de uso, Larousse Editorial, Barcelona, 2008.

Grandsenne, Ph., *Ñam-ñam. Mi bebé come bien*, Larousse Editorial, Barcelona, 2008.

Padres, Larousse Editorial, Barcelona, 2008.

Rufo, M.; Schilte, Ch., *Zzzzz. Mi bebé duerme bien*, Larousse Editorial, Barcelona, 2008.

— *Gugu-tata. Mi bebé ya habla*, Larousse Editorial, Barcelona, 2008.

— *Snif-snif. Mi bebé ya no llora (tanto),* Larousse Editorial, Barcelona, 2009.

Índice